电信诈骗大揭秘

主 编 杨 蕾 郭 静

北京邮电大学出版社
www.buptpress.com

内 容 简 介

　　本书通过对电信诈骗成因的分析，结合相关电信诈骗案例，从多方面深度解读目前电信诈骗猖獗的原因，以及常见的电信诈骗手法，帮助电信诈骗的重灾区——农村广大农民读者认识电信诈骗，普及防骗知识，从而增强大家的自我保护意识。

图书在版编目（CIP）数据

电信诈骗大揭秘 / 杨蕾，郭静主编． -- 北京：北京邮电大学出版社，2021.1（2021.9重印）
ISBN 978-7-5635-6331-9

Ⅰ.①电… Ⅱ.①杨… ②郭… Ⅲ.①电信－诈骗－研究－中国 Ⅳ.①D924.334

中国版本图书馆 CIP 数据核字（2021）第 020609 号

责任编辑：刘春棠	封面设计：七星博纳

出版发行：北京邮电大学出版社
社　　址：北京市海淀区西土城路 10 号
邮政编码：100876
发 行 部：电话：010-62282185　传真：010-62283578
E-mail：publish@bupt.edu.cn
经　　销：各地新华书店
印　　刷：保定市中画美凯印刷有限公司
开　　本：720 mm×1 000 mm　1/16
印　　张：8.5
字　　数：98 千字
版　　次：2021 年 1 月第 1 版
印　　次：2021 年 9 月第 5 次印刷

ISBN 978-7-5635-6331-9　　　　　　　　　　定　价：22.00 元

· 如有印装质量问题，请与北京邮电大学出版社发行部联系 ·

前　　言

电信诈骗是新型高发网络犯罪，诈骗方式不断更新，利用技术手段，设计各种场景，研析人性弱点，且参与其中的犯罪分子是"非接触性"的，不仅与被骗人非接触，连犯罪分子之间往往也都是非接触的，最终形成一条完整的黑色产业链。

近年来，我国电信网络诈骗案件数量不断攀升，不仅造成个人数据泄露、财产损失，而且给受害者及其家人带来巨大的心理阴影和精神压力，甚至危及生命，同时也对社会稳定和信任关系产生不良影响。

有效打击黑色产业链，必须整合并打通政府、企业组织及个人等多方能力与资源，加大互联网技术投入，从"被动防御"转向"主动抵抗"，从"单兵作战"走向"联合共治"。

《中华人民共和国网络安全法》、《关于办理电信网络诈骗等刑事案件适用法律若干问题的意见》等法律法规陆续公布施行，为反电信网络诈骗提供了法律武器和依据，同时，从公安部到三大运营商，积极推进反诈工作持续进行。

新的预防与发现技术、新的抵御与打击模式，将对电信网络诈骗形成一定的遏制作用。但是，诈骗分子的作案意识与手法也在不断升级。新形势下，需要推动反诈工作从初步联合升级到全民行动。

　　本书通过对电信诈骗成因的分析，结合相关电信诈骗案例，从多方面深度解读目前电信诈骗猖獗的原因，以及常见的电信诈骗手法，帮助电信诈骗的重灾区——农村广大农民读者认识电信诈骗，普及防骗知识，从而增强大家的自我保护意识。

　　由于作者水平有限，不当之处请读者批评指正。

目 录

第1章 电信诈骗的由来 …………………………………… 1

    1.1 电信诈骗的简述 ………………………………… 1

    1.2 电信诈骗的演变 ………………………………… 3

    1.3 电信诈骗的特点 ………………………………… 5

    1.4 电信诈骗的现状 ………………………………… 6

第2章 50种常见电信诈骗揭秘 …………………………… 9

    2.1 冒充领导诈骗 …………………………………… 9

    2.2 冒充亲友诈骗 …………………………………… 12

    2.3 补助救助、助学金诈骗 ………………………… 14

    2.4 医保、社保诈骗 ………………………………… 16

    2.5 猜猜我是谁诈骗 ………………………………… 18

    2.6 假冒代购诈骗 …………………………………… 20

    2.7 冒充公检法诈骗 ………………………………… 23

2.8　冒充购物客服退款诈骗 …………………………… 26
2.9　收藏诈骗 …………………………………………… 30
2.10　快递签收诈骗 ……………………………………… 32
2.11　冒充知名企业、节目中奖诈骗 …………………… 34
2.12　兑换积分诈骗 ……………………………………… 37
2.13　二维码诈骗 ………………………………………… 39
2.14　重金求子诈骗 ……………………………………… 41
2.15　冒充房东短信诈骗 ………………………………… 43
2.16　购物退税诈骗 ……………………………………… 44
2.17　机票退、改签诈骗 ………………………………… 46
2.18　ATM机告示诈骗 …………………………………… 48
2.19　刷卡消费诈骗 ……………………………………… 49
2.20　伪基站诈骗 ………………………………………… 51
2.21　钓鱼网站诈骗 ……………………………………… 53
2.22　贷款诈骗 …………………………………………… 54
2.23　复制手机卡诈骗 …………………………………… 56
2.24　虚构色情服务诈骗 ………………………………… 58
2.25　提供考题诈骗 ……………………………………… 60
2.26　刷单类诈骗 ………………………………………… 62
2.27　公共场所山寨WiFi诈骗 …………………………… 66
2.28　PS色情图片诈骗 …………………………………… 67

2.29	APP诈骗	69
2.30	冒充军警购物诈骗	71
2.31	网络游戏交易诈骗	73
2.32	理财类诈骗	76
2.33	"杀猪盘"诈骗	78
2.34	民族资产解冻类诈骗	84
2.35	网络交友诈骗	86
2.36	点赞诈骗	89
2.37	发布虚假爱心传递诈骗	91
2.38	虚构绑架诈骗	92
2.39	虚构包裹藏毒诈骗	95
2.40	高薪招聘诈骗	97
2.41	电子邮件中奖诈骗	99
2.42	捡到附密码的银行卡诈骗	101
2.43	交通处理违章短信诈骗	103
2.44	电子结婚请柬诈骗	105
2.45	冒充黑社会敲诈类诈骗	107
2.46	虚假售卖医用口罩诈骗	109
2.47	借"献爱心"、捐款诈骗	110
2.48	电话欠费诈骗	111
2.49	电视欠费诈骗	113

2.50 引诱汇款诈骗 …………………………………… 115

第3章 "电信诈骗"防骗守则 …………………………… 117

3.1 电信诈骗的动机 ………………………………… 117
3.2 防"电信诈骗"九守则 …………………………… 124
3.3 上当后的补救措施 ……………………………… 126
3.4 树立正确的自我保护观念 ……………………… 127

第 1 章

电信诈骗的由来

1.1 电信诈骗的简述

随着信息技术的迅猛发展,传统诈骗搭上现代信息技术的快车,逐渐演变成了诈骗手法更加多样、危害后果更加严重的电信诈骗。

为依法惩治持续高发的电信诈骗犯罪活动,2016 年 12 月 19 日,最高人民法院、最高人民检察院、公安部颁布了《关于办理电信网络诈骗等刑事案件适用法律若干问题的意见》(下称《意见》),围绕电信网络诈骗的犯罪类型、数额标准、共同犯罪和证据收集等方面作出了细致的规定。但是,《意见》也存在一定的疏漏,其中较为明显的是没有对"电信网络诈骗"的概念作出一个明确的规定。

有鉴于此,2018 年 11 月 9 日,最高检发布《检察机关办理电信网络诈骗案件指引》(下称《指引》),明确规定"电信网络诈骗犯罪,是指以非法占有为目的,利用电话、短信、互联网等电信网络技术手段，虚构事实，设置骗局，实施远程、非接触式诈骗，骗取公私财物的犯罪行为。"

从国家相关规定可以看出，电信诈骗具有一个明显的特征，就是非接触式诈骗。非接触式，即行骗者必须是利用电话、网络等非接触式的作案方式实施诈骗。电信诈骗与现代信息技术联系紧密，司法实践中常见的利用伪基站群发信息、利用钓鱼网站获取重要信息、冒充银行及司法机关工作人员骗取资金、伪装成公司老总实施诈骗、虚构交易平台诱导投资实施诈骗等被认定为"电信诈骗"的诈骗手段，要么借助现代通讯技术，要么依靠网络技术，通过这两种技术向受害者发送传递各种虚假信息，使对方在轻信虚假信息后通过各种方式"自愿"将其财物交付，实现骗取财物的目的。在整个过程中，行骗者与受害者素未谋面，受害者被骗通常是基于轻信行骗者传递的虚假信息而"自愿"交付财物。

综上，电信诈骗是指通过电话、网络和短信方式，编造虚假信息，设置骗局，对被害人实施远程、非接触式诈骗，骗取被害人财物的犯罪行为，通常冒充他人及仿冒各种合法外衣的形式以达到欺骗的目的，目前电信诈骗的种类主要有：电话冒充领导、熟人诈骗；机票退、改签诈骗；冒充购物客服退款诈骗；重金求子诈骗；PS图片诈骗；冒充公检法诈骗；刷单类诈骗；贷款、代办信用卡类诈骗；冒充军警购物诈骗；网络交友诱导赌博、投资（杀猪盘）诈骗；游戏币、游戏点卡、游戏装备诈骗；虚假购物消费诈骗；虚假网站、链接诈骗；补助、退税类诈骗；理财类诈骗等多种形式。

1.2 电信诈骗的演变

进入 21 世纪以来，随着通讯、互联网技术的不断发展，一些不法分子开发和使用一系列技术工具，电信诈骗迅速在中国发展蔓延，这些电信诈骗人员很多都是技术人员，借助于手机、固定电话、网络等通信工具和现代的技术实施非接触式的诈骗。因为电信诈骗是一种低成本、高回报的犯罪，诈骗的手法很简单，很容易传播、仿效，所以电信诈骗迅速发展蔓延，给人民群众造成了很大的损失。我国的电信诈骗，最早于上世纪 90 年代在台湾出现。当时电信诈骗的主要手段是利用发放传单和使用冒名申请的电话卡的方式，声称被害人中刮刮乐和赌马等大奖，但在领奖前必须先寄出一定额度的税金。在被害人汇出第一笔钱后，诈骗集团再以律师费、手续费、公证费等名目，一次又一次要求被害人汇钱，直到被害人醒悟或钱财被榨干为止。由于电信诈骗的成功率较高，且不劳而获的金额相对较大，因此很快就成为台湾地区最重要的犯罪形式之一。大批不良分子、甚至是曾经拥有良好工作的人都纷纷加入，许多被骗得倾家荡产的台湾百姓接到中奖电话手都会擅抖。在两千多万人口的台湾，诈骗分子用地毯式电话轰炸的方式，让全台湾人民接受了一遍防范诈骗的深刻教育与洗礼，人人都被迫打了一剂防骗的高强度免疫针，也让台湾由一片诈骗的蓝海变成了死海。电信诈骗在岛内引发天怒人怨后，台湾当局的打击力度有所加大，在台湾当局的打击下，台湾诈骗集团开始"产业外移"。2002年前后，台湾移动电话业务在福建建立信号台。由于在大陆东南沿海地区可以接收到台湾的移动电话信号，并且两岸迟迟没有建立共同打击犯罪的机制，台湾电信诈骗犯罪团伙找到了"新路线"。他们利用两岸没有司法互助条款的空档，将诈骗基地转移至福建福州，福州成为台湾籍诈骗集团的第一个集散地，继续利用冒名申请的电话卡对台湾民众进行诈骗。不过随着时间推移，台湾本地居民因受骗太多已经很少上当，诈骗集团的重心开始向大陆转移，因为台湾人的口音破绽很容易引起人们的警觉，因此在台湾诈骗集团转向大陆行骗时招收了更多大陆本土人员，于是，中国大陆本土电信诈骗团伙最早在2002年前后出现于福建，手法完全翻版台湾的。大陆电信诈骗团伙最初也是从中奖诈骗起步，央视的"非常6＋1"、湖南卫视的"快男超女"节目都成为骗子给老百姓中奖的由头，他们用自制的"土炮"（短信群发器），几近疯狂地向全国各地发送中奖短信。当中奖诈骗这一招有点过时之后，他们迅速转型到冒充公检法诈骗、贷款诈骗、购房购车退税诈骗、助学金诈骗等，全力打造诈骗界的"全能神"。2010年以后，电信诈骗案在原有作案手法的基础上手段翻新，犯罪分子以电话或银行卡欠费、法院传票、车辆违章、异地电话卡欠费等为由头，冒充公检法工作人员称被害人身份信息被盗用，且涉嫌洗钱、涉黑和诈骗等犯罪，要求对被害人的银行账户进行处理，从而对被害人进行诈骗。之后，还有冒充银行工作人员、社保部门工作人员，编造银行卡透支要还款、有社保金领取等虚假信息行骗。2012年后网络诈骗频发，随着网络、电脑和智能手机的普及，网络诈骗开始呈现出上升的趋势。犯罪分子通过钓鱼网站、伪基站、盗取 QQ 微信等方式进行诈骗。2015 年以后，进入大数据时代，诈骗团伙通过互联网可以精准地得到被害人的姓名、性别、家庭住址、职业、爱好乃至最近关注的事物、当前的状态等相关信息，从而对被害人进行诈骗。

1.3 电信诈骗的特点

一是电信诈骗的蔓延性比较大，发展很迅速。电信诈骗团伙往往利用人们趋利避害的心理通过编造虚假电话、短信地毯式地给群众发布虚假信息，在极短的时间内发布范围很广，侵害面很大，所以造成损失的面也很广。

二是诈骗手段翻新速度很快。一开始只是用很少的钱买一个"土炮"弄一个短信群发，发展到英特网上的任意显号软件、显号电台等等，成了一种高智慧型的诈骗。从诈骗借口来讲，从最原始的中奖诈骗发展到勒索、电话欠费、汽车退税等等。诈骗者总是能想出五花八门的各式各样的骗术。就像"你猜猜我是谁"，有的甚至直接汇款诈骗，大家可能都接到过这种诈骗。这种刚开始大家也觉得很奇怪这种骗术能骗到钱吗？确实能骗到钱。因为中国人很多人在做生意，互相之间有钱款的来往，咱们俩做生意说好了我给你打款过去，正好接到这个短信了，我就把钱打过去了，骗术也在不断花样翻新，翻新的频率很高，有的时候甚至一、两个月就产生新的骗术。

三是团伙作案，诈骗团伙的反侦查能力非常强。一般采取远程的、非接触式的诈骗，团伙组织严密，他们采取企业化的运作，分工很细，从话务组到资金组，诈骗的各个环节都有专人承担，各个组之间互不联系，打掉其中一个组对诈骗团伙而言根本没关系，很快一个全新的组会重新组建起来，所以打击起来非常难，往往抓到的只能是业务员，无法对诈骗团伙造成毁灭性的打击，这也给公安机关的打击带来很大的困难。

四是跨国跨境诈骗比较突出。随着国内对电信诈骗打击力度的加强，诈骗团伙开始往境外出走，在东亚和东南亚等地建立新的诈骗基地，触角遍及缅甸、泰国、菲律宾、马来西亚、印尼、日本、韩国等国。诈骗团伙转战东南亚，就是利用不同区域、不同国家之间的壁垒，来达到逃避打击的目的。诈骗团伙初建一个海外机房，大约要四十万到五十万人民币。诈骗团伙会将三十到四十人的中层、基层人员，甚至煮饭的厨师都一并带出国。这些人因签证限制，一次出动通常只能滞留三个月左右。为了安全起见，他们通常会以出国旅行方式，团进团出，一旦返回便就地解散。等过一阵子后，再组织起来，更换潜伏的国家，重新"开业"，再诈骗三个月。

1.4　电信诈骗的现状

随着各地公安机关打击治理电信诈骗工作的深入推进，打击力度逐渐加强，境内外诈骗团伙纷纷躲避风头、变换手法，当前电信诈骗犯罪活动出现了一些新的情况和特点：

一是诈骗窝点向中西部和境外转移。主要表现在大陆诈骗团伙纷纷从沿海地区向中西部转移，诈骗窝点多设在城市高档社区商品房内。台湾诈骗团伙纷纷转移到东南亚一带，雇佣大陆无业人员以旅游签证的方式分散出境，在当地租用别墅设立窝点，从事诈骗活动。

二是诈骗犯罪团伙呈现公司化、集团化管理。诈骗犯罪团伙组织严密，分工明确，话务组、办卡组、转账组、取款组，相互独立、相互分散；采取组长负责制，根据业绩进行分成。

三是作案手段更趋隐蔽。利用VOIP网络电话批量自动群拨电话和利用网上银行转账的情况比较突出，操作的服务器和IP地址大多在境外。

四是诈骗手法逐步升级。据统计，当前活跃在社会面上的电信诈骗形式将近50种，有中奖诈骗、汽车退税诈骗、冒充熟人诈骗、直接汇款诈骗、电话欠费诈骗等等。诈骗内容有专门点子公司精心策划设计，针对不同受害群体量身定做，步步设套，一段时间冒出一个新手法，有升级的趋势，诈骗不成，便向恐吓、勒索方向转变，危害比较突出。

五是诈骗分子还紧跟社会热点设计骗局。2014年以来，相继出现了利用马航失联、中央巡视组、"爸爸去哪儿"节目等热点事件编造虚假信息实施的诈骗犯罪。根据警方查处的案件显示，不少诈骗团伙已经从过去的"乱枪打鸟"升级到"精准下套"。类似的"精准下套"源于诈骗分子想方设法收集了个人信息。过去他们往往用群呼、群发设备漫天撒网式打电话、发短信，成功率较低。现在逐渐发展成通过购买或利用钓鱼网站、黑客攻击、木马盗取等手段收集个人信息，由于能准确报出姓名、身份证号甚至住址、家庭情况、车牌号等信息，诈骗团伙的得手率更高。

第 2 章 <<<

50 种常见电信诈骗揭秘

互联网在给大家的生活学习带来极大便利的同时,也被不法分子所觊觎,其利用各类通讯网络诈骗伎俩侵害人民群众的合法权益,令人防不胜防。公安机关也在不断加大破案打击力度,以下是各类常见案例,通过对犯罪伎俩进行揭批并整理成册,并结合相关案例,希望对大家的防骗、识骗能力提升有所裨益。

2.1 冒充领导诈骗

作案手法:

不法分子通过加微信、QQ、发短信、打电话等方式,冒充企业领导诈骗巨额钱财。不法分子将事先掌握的单位领导 QQ 或是微信账号的头像与昵称进行复制,然后加单位财务人员的聊天工具进行聊天并提出转账要求,让财务人员和伪装成副总的嫌疑人对接,合伙欺骗财务人员汇款，或者冒充单位领导向事先获得的公司财务人员的电话发短信，声称机主更换新的手机号码，然后以资金周转等为由向财务人员下达指令，骗其向指定的银行账号汇款。

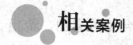

案例一

2019年8月，张女士接到一个的陌生电话，对方在电话中自称是其"领导"，让张女士第二天上午去他办公室一趟。第二天上午8时，该"领导"又电话联系张女士，称现在正在和其他领导见面，之后该"领导"称要塞红包，让张女士帮忙准备钱。随后该"领导"又打电话来称不方便给现金，要她直接汇款给对方，答应忙完事后会立即还给张女士。紧接着张女士收到该"领导"的短信，短信上是对方姓名和卡号。张女士一心想着帮领导排忧解难，于是就在ATM机上把2万元存入了该银行账户。事后张女士联系不上该"领导"后，发现自己被骗。

案例二

2019年7月，某公司财务人员小静在办公室接到一"客户公司"财务的电话，对方称有一笔合同款要转过来，并给了一个QQ号。之后，小静添加对方QQ并提供公司银行账户信息，之后，小静收到显示是自己公司老板名字的信息。她没有添加过老板QQ，对通过"多人聊天"模式功能不熟悉，加上"老板"又是咨询"客户"合同款的事情，就误以为对方是老板。"老板"以询问资金是否到账为幌子，借机向财务小静了解公司账户的余额，为后续诈骗最重要的环节——转账做铺垫。在"老板"获取公司账户余额信息后，很快以一笔货款要支付为由，指令小静汇款。直到次日上午，小静在公司碰到真老板，才知道自己上当受骗了。

防范与应对：

一是广泛宣教教育。组织企业员工尤其是针对企业财务人员进行宣传，同时建议企业建立健全财务管理规章制度，确保大额转账汇款前必须履行核查核实和审批程序。企业财务人员慎重添加QQ好友、微信好友，慎重加入QQ群、微信群，避免加入不法分子假冒的企业高管群。

二是提升安全意识。目前QQ、微信等聊天工具使用极其普及，例如微信中查看附近的人，就可以查阅附近人员的微信头像和昵称，以及个人相册中发的朋友圈状态。这些原本的便民服务被诈骗分子利用，用于冒充领导实施诈骗，建议加强聊天工具使用防范意识，做好隐私保护工作。

三是提高识骗技能。企业财务人员除了要履行企业财务管理制度外，也要提高识别骗局的本领，比如：发现向企业转账时对方是私人账户、个人账户名不是熟悉的企业负责人名字而是陌生人、企业负责人突然使用陌生的电话号码发来信息等，这种情况下都说明对方可能是骗局。

2.2　冒充亲友诈骗

作案手法：

不法分子利用木马程序盗取事主网络通讯工具密码，截取事主聊天视频资料后，冒充事主对亲友或好友以"患重病、出车祸"等紧急事情为名实施诈骗。

相关案例

案例一

程女士突然收到了在外地读大学的"儿子"小明发来的QQ好友申请。小明说之所以用QQ联系,是因为自己正在上电脑课,学校规定不让携带手机。而他有一件重要的事情要与家长商量,接着发来了一张《清华大学培训通知书》。

小明说,自己已经经过考核取得了报名的资格,但是只有200个名额。在QQ上,小明说自己很想报这门课程,但培训费要15 000元。因为学费太贵,所以考虑再三才开口,说自己一定努力学习,绝不会让父母失望,并且表示这个课程报名是有补助的,一半的学费都会返还。孩子这么懂事,程女士非常欣慰。学习上有需求,怎么能拒绝?小明也让妈妈放心,这个钱不是打给他的,而是由家长直接缴费给"王主任"。随后给了报名处"王主任"的工作QQ。程女士随即添加了"王主任"的QQ。"王主任"轻车熟路,准确说出了小明的基本信息,并与程女士强调需要抓紧时间,已经是最后一天,下午就要将名单上报,催促其赶紧进行缴费。程女士向"王主任"指定的银行账号汇了款后,觉得有点不对劲,跟孩子父亲说了情况,两人随即联系儿子,这才知道被骗。

案例二

李先生突然收到"好朋友"QQ发来消息,称自己的朋友因出车祸因手术费不够,自己目前不方便转账,需李先生给他朋友家人转账1万。对方表示自己会先打钱给李先生,再由李先生转账到另一个账户上，并提供了有被害人银行卡号的转账截图。李先生查询了自己账户，发现钱并没有到账，"好朋友"解释说是因为跨行转账，有24小时延迟，继续用急切的语气要求李先生转账。李先生见事态紧急加上对"好朋友"的信任，便不再怀疑，直接向对方提供的银行卡转账1万。转账成功后，对方又要求要李先生转账3万。这时，李先生才发现有些不对，并且打电话询问自己的好朋友徐某，但徐某表示并没有这回事，李先生才自己被骗了。

防范与应对：

在用网络社交平台与好友联系时，若对方以紧急情况为由，发出帮忙付款、充值等请求时，要通过电话、视频等渠道，对好友身份进行核对确认，不能仅凭文字信息就配合转账。同时还要注意保护个人信息，不要随便泄露自己的银行卡号、身份证号码等信息，以防骗子利用软件生成虚假转账单实施诈骗。此外，在第三方支付平台进行大额转账时，可以设置延迟到账，为追回损失争取时间。

2.3 补助救助、助学金诈骗

作案手法：

不法分子冒充教育、民政、残联等工作人员，向残疾人员、学生、家长打电话、发短信,谎称可以领取补助金、救助金、助学金,要其提供银行卡号,指令其在取款机上将钱转走。

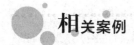

2016年,山东女孩徐玉玉以568分的成绩被南京邮电大学录取。同年8月19日,她接到了一通陌生电话,对方称有一笔2600元助学金要发放给她。按照对方的要求,徐玉玉将准备交学费的9900元打入了指定账户后很快发现自己被骗。贫困的家境不允许她"花钱买教训",当晚徐玉玉在父亲的陪同下去派出所报案。回家路上,她突然晕厥,最终导致心脏骤停,虽经医院全力抢救,仍不幸离世。

防范与应对:

贫困大学生助学金要经过严格审批,学生持大学录取通知书及贫困证明等有关材料向学校提出申请,学校根据学生贫困情况和申请人数进行初审,然后上报学生资助管理部门。如果没有提交材料,有关部门不可能突然提供助学金。

在接到涉及银行卡信息的电话，要三思而行。当接到自称教育、财政等部门工作人员的电话，要发放"国家助学金"、"返还义务教育费"、"助学扶助款"等时，要主动与当地教育部门或学校联系，以证实真伪。同时不要随意透露家人姓名、电话、职业等相关信息，坚持做到不透露、不相信、不理睬，更要警惕不法分子使用"任意显号"软件实施的诈骗。接到可疑电话、短信或网络信息时，可拨打110热线进行咨询。发现被骗或发现诈骗不法分子要迅速拨打110，并到附近派出所咨询、报案。

2.4 医保、社保诈骗

作案手法：

1. 不法分子冒充医保、社保工作人员，以领取社保补贴为名义发送短信，诱惑参保人员或退休人员拨打"社保机构"的电话咨询，然后诱骗身份证号码及银行账号实施诈骗。

2. 不法分子以社会保障卡（或医保卡）欠费被冻结为名，要求提供个人信息等相关内容，引诱参保人员利用自动取款机进行转账汇款实施诈骗。

3. 不法分子冒充社保经办机构工作人员，以"优惠"的参保政策为名,通过电话诱骗参保,到银行转款实施诈骗。

4. 不法分子假借社保经办机构名义,伪造虚假文件向参保单位及个人发放,以社保基金账户变更为名,要求参保单位和个人预交社保费,直接将资金转入某银行账户实施诈骗。

相关案例

江西何女士因为一通"00"开头的陌生电话,对方称自己是社保机构的"工作人员",指出何女士的社保卡在武汉有大额消费,已经被列入黑名单,即将被冻结。何女士疑惑,社保卡没有丢失,自己也并未去过武汉,为什么会在武汉被盗刷?接下来,对方又声称何女士的信息被恶意泄露,社保卡被不法分子冒用。何女士按照"工作人员"的要求,先联系武汉公安机关的"杨警官",而后在对方发来的虚假网站上看到了"冻结令"。何女士信以为真,彻底打消了疑虑,在对方指示操作网银,导致卡内11万元被转走。

防范与应对：

1. 医保部门不会通过电话的方式直接联系参保人员要求提供个人信息。如有新政策和业务需要告知参保人员，会通过官方媒体或者在医保部门业务经办大厅张贴公告等形式告知，不要轻信电话或短信内容。

2. 接到医保卡账户异常的来电或短信，千万保持冷静，不要随意透露自己的个人账户信息及身份信息，更不能随便点击或者拨打短信里的不明链接、电话。可以先拨打12333官方服务电话，也可就近到定点医药机构刷卡尝试验证医保卡能否正常使用。

3. 不要告诉任何人自己的银行账户、密码及短信验证码，更不要进行汇款转账等操作。千万提高警惕，接到类似电话后不要轻信，保护好个人隐私和财产安全，谨防上当。

4. 若不幸被骗，应及时拨打110报警。

2.5 猜猜我是谁诈骗

作案手法：

不法分子打电话给被害人，让其"猜猜我是谁"，随后冒充熟人身份，向被害人借钱，一些被害人没有仔细核实就把钱打入犯罪分子提供的银行卡内。

相关案例

张小姐接到一个陌生电话，对方以"猜猜我是谁？"的开场白，让张小姐激起对这个"朋友"的好奇心。经过对方的巧妙谈话技巧，声音的熟悉，于是不断地猜想对方。最后张小姐毫无防备地问起对方是"是某某吗？"的时候，对方称其正是"某某"。而后对方称其之前的手机号码不用了，要求张小姐更换手机上的号码。此后再经过几次的电话联络后，张小姐根本没有防备心理。几天后张小姐再次接到人电话时，对方称其遇上了紧急情况，向张小姐借3 000元。当张小姐给其汇款后，对方不断以其他理由向其借款。张小姐向对方转入共计20 000元后，才发现被骗。

防范与应对：

接到不明电话时候，一定要有防备的心理，不能让对方语言带着走。必须要用多种方式确认对方身份。若对方以某种理由要求转账时一定要谨慎。

接到这种电话，一是联系彼此共同认识的朋友了解对方最近状况；二是与对方聊仅有彼此知道的事情，对方若是假冒，肯定露馅。

2.6 假冒代购诈骗

作案手法：

不法分子假冒成正规微商，以优惠、打折、海外代购等为诱饵，待买家付款后，又以"商品被海关扣下，要加缴关税"等为由要求加付款项实施诈骗。

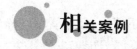

相关案例

案例一

乔小姐在微信朋友圈里做代购生意。去年12月11日，一个名叫"小马法国代购"的人通过网络与乔小姐取得联系，自称在法国留学，可以作为"买手"帮乔小姐在国外低价代购奢侈品，品种齐全。乔小姐一直苦于寻找"优质货源"，立即表示愿意长期合作。就在当晚，一名"客户"联系乔小姐表示要购买某品牌皮包，并通过支付宝支付了900元订金。乔小姐随即联系"小马法国代购"要求代为购买，并将2.7万余元货款转到"小马法国代购"指定的支付宝账号。接下来两天，又有"客户"联系乔小姐购买鞋子、皮包等，并支付5 000元作为订金。于是，乔小姐接着向"小马法国代购"打款3万余元。原以为做了几笔大单的乔小姐在支付货款后，却再也联系不上"小马法国代购"和"客户"，才意识到被骗。

案例二

王小姐刚认识的朋友杨某从微信上给王小姐发了一条微信代购链接，王小姐点开一看，是即将上市的苹果手机，链接上显示，海外代购价仅要4 000余元。随后，杨某又多次在微信上发布可以从国外代购苹果手机的信息。经多次与王小姐联系取得信任后，杨某以帮王小姐代购两部新上市的苹果手机为幌子，让王小姐分四次通过支付宝向其转账 9 400 元。然而付款后的王小姐却一直没见手机踪影，这时杨某表示：海关查得紧，手机被海关扣下了。无奈，王女士只能要求杨某退钱，可等她再次打开微信时发现，杨某早已将她拖入黑名单。

防范与应对：

1. 如果发现微信上有任何销售假冒伪劣商品等不合法行为，要通过微信公众平台和朋友圈的举报和投诉功能进行检举，核实后腾讯公司将会对违法账号进行不同程度的处理。

2. 用户在使用微信时可以通过添加个性备注或设置聊天备注来区分类似名字的好友，在对方发送消息后，仔细查看其资料，如果存在怀疑应及时查证。

3. 微信朋友圈交易时，要保留相关的聊天记录，大件物品最好签订书面的买卖协议，还要保留银行、支付宝等汇款、支付凭据，一般接受汇款的账户同卖方身份要相符。

4. 自己首先做到"不相信、不动摇"，把好自身的第一关。其次，为防止陌生人发微信骚扰，可在微信的隐私设置里，对其进行设置，如"加我为好友时需要验证"或者用"拉入黑名单"等方式来保护自己的隐私。

5. 若不幸被骗，应及时拨打110报警。

2.7 冒充公检法诈骗

作案手法：

不法分子冒充公检法工作人员拨打被害人电话，以事主身份信息被盗用、涉嫌洗钱、贩毒等犯罪为由，要求将其资金转入国家账户配合调查。主要分为以下三步：

第一步骗取被害人信任。不法分子通过准确报出被害人个人信息，如身份证号码、职业、住址等隐私信息，并通过网络改号软件，将来电显示号码修改为公检法单位的办公电话之后给被害人打电话，自称××公安局（检察院）工作人员，称被害人涉嫌××案件，并称会有外地公安机关（检察院）的警官与其联系。

第二步威慑、恐吓被害人。不法分子通常以被害人涉嫌洗钱、邮包藏毒、信用卡透支等违法犯罪，恐吓被害人，并让被害人登录指定网站查看虚假通缉令、逮捕证等法律文书。同时，为了增强恐吓效应，不法分子还会冒充公检法等机关工作人员轮番上阵，让被害人误以为自己真的被卷入刑事案件。冒充××外地公安机关（检察院）工作人员，要求被害人办理网银以便核实自己的身份信息。

第三步要求被害人转账。当被害人对自己违法犯罪提出质疑后，不法分子会给被害人"支招"，要求被害人将自己的资产转入所谓"安全账户"，达到骗取被害人金钱的目的。有的诈骗分子还会要求被害人独自到酒店开房,并利用酒店电脑进行转账操作,以避免被家人朋友看到后识破。

突出特点:一是作案方式多样,作案手法隐蔽。不法分子编造各种虚假事由实施连环诈骗,作案手法不断变化。不法分子往往通过改号软件,伪装成公检法单位的真实电话号码拨打被害人电话或发送短信,即使被害人通过114查号台进行核实,也难辨真伪。

二是犯罪手段迷惑性强,涉案金额较高。不法分子冒充公检法机关人员身份,恐吓被害人涉嫌犯罪,并利用非法购买的公民信息伪造通缉令迷惑被害人。不法分子能够准确说出被害人身份信息,大大增加了被害人对诈骗电话或短信的信任度,并且被害人因欠缺相关法律知识又急于证明清白,容易从思想上被犯罪分子控制。被害人一旦上钩就会被"吃干榨净",涉案金额百万元以上的案件并不鲜见。

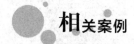

相关案例

案例一

孙女士接到了一个自称是"公安局户籍科工作人员"的电话。对方称她的身份证信息下有一非法护照,要求她去核对一下身份信息。要跑去公安窗口处理,有点麻烦,孙女士问能不能通过线上处理。对方考虑了一下,"勉强"答应了,将她的电话转接给"公安局调查人员陈警官"。接下来的套路就比较老套了,"陈警官"恐吓孙女士,称她卷入了一起洗钱案,要求她接受调查,还通过QQ发来了"逮捕令"和"安全账户",孙女士按照"公安局调查人员陈警官"的指示,向安全账户转入9万元后发现被骗。

案例二

88岁的郭大爷,接到自称是云南省通信管理局的工作人员的电话,称郭大爷信息被泄露,在武汉办了一张电话卡,郭大爷名下所有号码将于下午14点30分强制停机,要求拨打武汉市公安局报案。随后,诈骗团伙分别伪装114工作人员、武汉市公安局"黄大财"警官、"许华"警官、检察院检察长对郭大爷进行诈骗,"黄警官"称郭大爷现在是一贪污洗钱案的涉案人员之一,武汉市人民检察院要对其进行刑事逮捕。诈骗团伙同时伪造逮捕令要求郭大爷配合调查,并诱导郭大爷将存款转入嫌疑账户。在去银行的汇款途中,郭大爷接到公安局反电诈中心劝阻电话,同时民警赶到现场进行当面劝阻,避免了郭大爷6.1万元经济损失。

防范与应对：

1. 公检法机关作为执法部门，是绝对不会使用电话方式对所谓的涉嫌犯罪、银行卡透支等问题进行调查处理的，公检法机关及其他部门之间也不会相互接转电话，勿轻信秘密办案而独自听人摆布。

2. 公检法等部门根本不存在所谓的"安全账户"，凡通过电话、短信要求对自己的存款进行银行转账、汇款的，或者声称进行资金审查的，基本上都是诈骗。

3. 犯罪分子利用特殊计算机软件，能模拟各类电话号码，接到类似电话时一定要冷静、沉着，特别是涉及钱款转账时，要立即停止，把好最后一道防范关口。

2.8 冒充购物客服退款诈骗

作案手法：

不法分子冒充淘宝等公司客服，拨打电话或者发送短信，谎称事主拍下的货品缺货，需要退款，引诱求事主提供银行卡号、密码等信息，实施诈骗。主要手段有：

第一步不法分子通过非法途径获得事主的电话和购物信息（如快

递信息泄露等），并致电或短信告知事主，能详细说出事主的个人信息等内容。

第二步不法分子谎称事主购买的货物有问题需要申请退款，并让事主添加"官方客服"微信。

第三步用事主支付信用不足无法到账等借口，一步步诱使事主转账或者从互联网借贷产品中贷款给对方。

主要借口有：

1．"我们操作失误，把您设置成批发商账号，每个月会从您的支付宝里扣×××元，需要帮您取消这个业务吗？"

2．"您买的××商品有出现染色剂超标，导致皮肤过敏的情况，需要给您退款。"

3．"您购买的××铅汞超标会致癌，我们在收回商品给您双倍赔偿哦～亲。"

4．"快递货车起火，您的包裹正在燃烧。我们是快递公司的，要给您退款。"

相关案例

案例一

孙女士接到自称淘宝客服打来的电话,称之前在网上购买的童装质量有问题,并承诺为孙女士退款。孙女士听到对方能完整说出自己的订单信息就对其深信不疑,将对方添加为支付宝好友后,对方立刻给孙女士发来了"退款"链接,退款心切的孙女士按照要求如实填写了个人信息和自己收到的手机验证码,认为很快能拿到退款的孙女士没有等到退款,等到的却是骗子先后四次转走她银行卡中13000元的扣款短信,孙女士这才发现自己被骗了。

案例二

燕女士接到一通自称是某电商平台客服的电话,称其之前在该平台上购买的化妆品存在质量问题,现在要给燕女士退款。电话中,客服准确地说出了燕女士的平台账号、商品名称、购买时间等交易信息,因此,燕女士对这位客服的身份毫无怀疑。几番沟通后,燕女士便添加了这位客服的微信,以方便后续的售后问题处理。客服向燕女士表示由于是商品本身质量问题造成的退款,会为燕女士执行"退一赔一"的赔付,并发来了进行退款操作的链接。燕女士感到对方态度不错,并且还主动提出了赔偿,就根据对方要求在页面上填写了自己的银行卡号、姓名、手机等相关信息,并在对方的提示下输入了手机上收到的验证码。在填写完以上所有信息之后,没过多久,燕女士就收到了一条银行发来的转账通知,提示其账户支付了7000元。燕女士这才发觉不对,立即打开了自己的购物平台,发现购买的商品显示正在运输中,完全没有客服所说的需要退货的情况,燕女士这才意识到了自己被骗。

案例三:张女士在淘宝网买了6盒虫草花,购买后的第二天,张女士接到自称是某快递公司理赔客服的电话,对方准确地报出了张女士的个人信息和订单号码,称张女士购买的商品在运输途中弄丢了。接着,"理赔客服"向张女士道歉,声明这是公司的工作失误,要张女士添加她为微信好友,公司将照单退款并予以赔偿。张女士信以为真,添加了这个昵称为"快递理赔(客服)"的微信号为好友。"客服"称可以在网上帮张女士办理退款事宜,并发来一个理赔链接。张女士点击链接进入一个淘宝帐号登录页面,然后按照对方提示在页面填写了自己的身份信息和网银帐号、密码。没过多久,张女士的手机接到了一串验证码,"客服"表示,这是办理退款的验证码,也需要提供。张女士没多想,把验证码也输了进去。几分钟后,张女士发现自己银行卡内的7000元全部被转走。张女士再和"客服"联系时,发现已经被对方拉黑。

防范与应对:

1. 遇到这类诈骗,一定要认真核实对方身份,可以联系电商平台客服或在线联系网店客服确认是否有退款或者批发商账户。

2. 不随意点击陌生链接!切忌在陌生网站内输入自己的银行卡信息。

3. 勿向他人提供手机验证码，验证码是保护资金安全的最后一道屏障。

4. 遇到金钱交易，自己拿捏不清的，要与家人商量，避免自己陷入骗局而不自知。

2.9 收藏诈骗

作案手法：

不法分子冒充收藏协会，印制邀请函邮寄各地，称将举办拍卖会并留下联络方式。一旦事主与其联系，则以预先缴纳评估费等名义，要求事主将钱转入指定账户。

相关案例

案例一

王先生收到短信，他被邀请去某钱币收藏品公司参加活动，业务员说这些钱币一两年以后就会增值数倍，然后就可以拍卖。业务员还说过段时间会把钱币拿到香港拍卖，公司会负责给客户买机票，拍卖结束后把钱直接打到客户的卡里。王先生就这样"上了贼船"。王先生表示手头没有那么多钱，业务员劝说王先生用信用卡贷款的方式购买了17万元的纪念币。之后，业务员又劝说王先生将房子做了抵押，贷款200万元继续购买他们的纪念币。王先生有所犹豫，因为他只有这一套房子，但业务员劝他，今年4月他们就会拍卖这些钱币，等资金回笼，他的200万就会变成1000万。王先生将房子抵押贷款购买了纪念币以后，业务员就没有再联系王先生了，当王先生去该公司咨询时，发现该公司已人去楼空。

案例二

张先生在某杂志上看到一则免费送收藏品的购物广告，虽然张先生平时没有收藏爱好，但考虑到是免费赠送，他便拨打了广告客服电话，并向对方说明了自己的身份信息、联系方式、家庭住址、购买收藏品记录等个人信息后，一名自称是某收藏家协会的工作人员主动向张先生打来电话询问其家中是否有收藏品，张先生说自己没有收藏品。工作人员向张先生介绍，最近会举办拍卖会，张先生可以在拍卖会上出售他们赠送的收藏品，但是只有持有会员卡方可进入拍卖会。"对方说需要先从他们手中购买一件收藏品，再用藏品编号激活会员卡，并且购买的藏品也可以在拍卖会拍卖，起拍价远远高于购买价格。"张先生回忆，考虑到有利可图，他便同意购买一件收藏品。张先生以货到付款的方式支付了2000余元收到了藏品，里面还夹带有会员卡、收藏品证书。张先生购买藏品后，对方一直用各种名义继续叫其继续交钱，经多方打听，张先生发现对方根本没有举办拍卖会，后托人鉴定，张先生发现自己购买的收藏品为现代工艺品。

防范与应对：

要全面了解收藏品投资拍卖程序及规则，遇到不明电话收购藏品或邀请参加拍卖活动情况，应实地到拍卖公司了解具体情况，向不明"拍卖公司"汇款应谨慎三思，不轻信陌生人和陌生短信、陌生广告。

2.10 快递签收诈骗

作案手法：

事主微信收到加好友的请求，对方身份显示为"××快递"，申请好友验证的理由是"您的快递到了，但电话打不通"。加上好友后，不法分子会询问快件是否送达，送货员是否打过电话，并告诉事主"你有个快递已丢失"。紧接着事主会接到一个自称是快递总公司的电话，并告诉事主快递丢了可以双倍赔偿。不法分子会发送一个二维码给事主，并让事主按照不法分子说的方法进行一连串操作。事主扫码后，手机页面会跳转到一个与支付宝十分相似的登录页面，上面需要填写支付宝账号、银行卡号和密码，等这些步骤完后，事主卡上的钱立刻被转走。

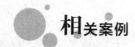

案例一

张先生网购了一件衣服，根据网购平台显示的物流信息，他应该会在近期收到这件衣服。张先生后来接到一个陌生电话，对方自称是某快递公司员工，不慎将张先生的包裹遗失，急需处理，并颇有诚意要添加张先生为微信好友，以便全额赔偿。张先生未多想，添加对方微信后，按照对方要求扫描了一个二维码，随后张先生收到短信发现自己银行卡内的8581元钱被转走。

案例二

罗女士接到自称是快递公司工作人员的电话，称其快递丢失，要给予赔偿，罗女士添加对方微信后点击对方发的链接，按要求填写了银行卡账号和密码后，输入验证码，随即发现银行卡被转走一万余元。

防范与应对：

1. 如遇有没收到快递的情况，先登录购物网站查看物流信息，上面有派送员的电话号码，直接打电话和派送员联系。

2. 接到陌生电话务必仔细甄别，不要轻信对方加倍赔偿等说辞，切勿轻易添加陌生人微信好友。

3. 如果已经加微信了，任何时候都不要在对方发来的网址链接上填写涉及银行账号、支付宝账号等个人信息，注意保护资金安全。

2.11 冒充知名企业、节目中奖诈骗

作案手法：

不法分子以热播栏目节目组的名义向事主手机群发短消息，称其已被抽选为幸运观众，将获得巨额奖品，后以需交保证金或个人所得

税等各种借口实施诈骗。

相关案例

杨先生突然接到这样一条手机短信,短信内容为"恭喜您!您被××节目选为场外幸运者,将得到12.8万元及电脑一台。"短信还附有一个链接网址和一个领奖验证码。××节目是当时正在全国热播的一个综艺节目,但是,自己并未参加什么活动,咋就中奖了?出于好奇,杨先生随手点开链接,出现一个登录页面,需要填写登录人姓名、手机号等个人身份信息。杨先生填录后,该网站果真显示一组中奖名单,杨先生的名字赫然在列。"网上能查到,这事儿应该不会假吧。"杨先生觉得自己真是幸运。两天后,杨先生接到一个陌生男子打来的电话,该男子自称是××综艺节目栏目组的工作人员,杨先生中了该

栏目二等奖，要想领取奖金和电脑，需要先缴纳个人所得税。"你只要交1.28万元的税款，剩余奖金我们会直接汇到你的银行卡上，电脑也会邮寄给你，但你要先交5 800元的邮费。"该男子在电话中告诉杨先生。还没领奖就要先交钱，这让杨先生有些犹豫，但想想自己马上就会有十多万元的奖金，杨先生觉得还是"划算"的。随后，对方主动让杨先生加他的微信。杨先生发现，对方的微信名用的是××综艺节目的名称，该微信号所在的地区也显示是"浙江杭州"，而杭州正是该综艺节目的录制地，这让杨先生对中奖信息深信不疑。按照对方提示，杨先生通过手机微信向对方转账5800元，后又通过支付宝转账1.28万元。十几分钟后，对方打来电话，称栏目组已将剩余奖金汇到杨先生的账户，但因杨先生未及时操作导致系统超时，需要再交2万元的"系统激活费"。杨先生表示自己已经没钱了，对方语气突然变得强硬起来："你如果不立刻汇款，我们栏目组就会到法院起诉你违约！"几个小时后，杨先生果真收到一条手机短信："杨先生，××栏目组已向本院起诉你违约，如不履行合约，你将被处以罚金并承担法律责任。"短信落款是"北京法院"。杨先生这下慌了神，只得向家人求助。在家人的提醒下，杨先生才意识到被骗，赶紧报了警。

防范与应对：

中奖类诈骗案件中，不法分子利用一些人贪小便宜或好奇心态、侥幸心理等，以中"特等奖"、"幸运奖"获得高额奖金或奖品为诱饵，借"公证费"、"手续费"、"保险费"等名目骗取事主的钱财。

如果没有参与相关活动便中大奖，一定不要轻信这类短信。即便参与活动中奖，也不会发生中奖人因未领奖被起诉的情况，所以不必听到法院要起诉就恐慌。因参与相关活动中奖，个人所得税应由主办方扣除，并将余款发放给中奖者，不需要中奖者提前缴纳。

2.12 兑换积分诈骗

作案手法：

不法分子首先用伪基站伪装成电信运营商的号码，向事主发送了带有钓鱼链接的诈骗短信，诱使事主在钓鱼网页上输入包括身份证、信用卡等一系列个人敏感信息，最后又在钓鱼网页上以信用卡安全控件的名义，诱骗事主在手机上下载了一个木马。这个木马的主要作用就是劫持用户手机收到的银行发送的验证短信。不法分子利用同时骗到手的信用卡账号、密码、卡背后三位（信用卡背后的三位密码，很多银行的信用卡，提供这三位信息后就可以进行消费）和手机验证码，就可以成功的利用网上银行或手机银行来盗刷受害者的信用卡。

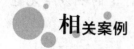

案例一

杨先生收到一条由某电信运营商发来的积分兑换短信，内容如下：

"尊敬的用户您好：您的话费积分3160即将过期，请手机登陆web-100**.com/bank激活领取现金礼包。"见到短信是由自己手机号所在运营商的号码发送的，因网址与真实网址近似，杨先生并没有过多的怀疑，就用手机打开了网址。进入的也是一个标题为"掌上营业厅"的页面，页面要求填写姓名、身份证号、信用卡卡号、交易密码、预留手机和卡背后三位等信息。杨先生按照要求填写了相关信息后，点击下一步，又进入了一个标题为"全国银联信用卡提额专用"的页面。继续填写信息后就被要求下载一个安全控件（实际上是木马程序）。当杨先生一切都按照页面提示提交信息后，页面就进入了一直等待的状态。不久后，杨先生就收到多笔消费短信，提示自己的信用卡被消费了7 739元。

案例二

张女士手机上收到一条显示来自"100**"的短信："尊敬的客户，您的移动积分即将过期，请及时登录掌上移动营业厅兑换现金等各种礼品，兑换网址为……"接到短信后，张女士并没有什么怀疑，因为显示号码为电信运营商的号码，她点开短信中的网址链接，按提示输入了姓名、卡号、手机号、开户行、银行密码等信息，但是积分并没有兑换成功，手机却显示正在安装一个陌生程序，但是不管张某怎么查找手机，就是找不到这款刚刚下载的软件。随后，张女士就收到短信提示，手机上的一万多积分被兑换，同时银行卡的一万余元也被刷掉。

防范与应对：

由于伪基站冒充客服号码发送的信息迷惑性很强，收到任何含有网页链接和电话号码的优惠促销类短信息时,切不可轻易点击链接或致电其中的陌生号码,应先致电运营商官方客服电话,或通过官方客服网站进行确认。

2.13 二维码诈骗

作案手法:

不法分子以降价、奖励为诱饵,诱导事主扫描二维码,二维码附带木马病毒。一旦扫描安装,木马就会盗取事主的银行账号、密码等个人隐私信息。主要包括了商家付款码诈骗、共享单车二维码诈骗、仿冒交警罚单、水电费二维码被替换、游戏二维码诈骗等。

电信诈骗大揭秘

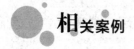

相关案例

案例一　共享单车二维码诈骗

主要目标集中在诈骗共享单车的押金环节。不法分子对共享单车的二维码进行测量和拍摄后,印制伪造的共享单车二维码,再将其贴在共享单车上,迷惑性极强。

案例二　仿冒交警罚单二维码诈骗

不法分子仿造虚假的违章停车单,并印制自己的收款码,用于欺诈事主支付罚金。一般群众难以辨别真伪,与之相类似的还有替换水电单二维码诈骗。

案例三　游戏二维码诈骗

不法分子利用消费者追求"性价比"的心理,以远低于市场价的售价出售游戏点券,诱导游戏玩家扫码与不法分子进行联系。然后,不法分子利用钓鱼网站和欺诈支付技术环节,发布钓鱼链接信息,并PS修改收款二维码金额,使二维码上显示的金额远小于实际被不法分子盗刷的金额。

防范与应对:

1. 在扫码前一定要确认该二维码是否出自知名正规的载体,不要见"码"就刷。

2. 应当在手机上安装防病毒安全软件,使用手机二维码在线购物、支付要看清网站域名,不要轻易点击反复自动弹出的小窗口页面。

3. 保护好自己的身份信息，不要轻易向他人透露，如果手机和银行卡绑定，不要在银行卡内储存过大数额的资金，避免产生巨额财产损失。

4. 购物时尽量使用有后台检测的官方聊天软件，如遇诈骗情况，可以及时调取聊天记录，有利于迅速追回损失。

2.14 重金求子诈骗

作案手法：

不法分子谎称愿意出重金求子，引诱被害人上当，之后以缴纳诚意金、检查费等各种理由实施诈骗。

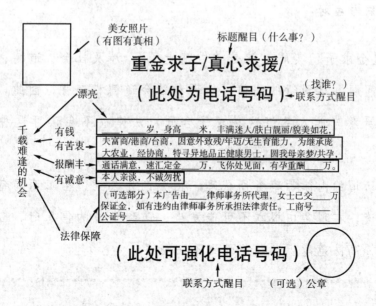

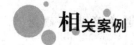
相关案例

王先生接到一通自称是香港25岁富婆的电话,电话中对方称自己老公丧失生育能力,而公婆又急需后代继承家族财产,若王先生能成功使其怀孕,将补偿200万元,王先生听后怦然心动,随即表示愿意帮助对方怀孕。该女子声称"重金求子"需要签订协议并需律师公证,需王先生先汇款1 000元公证费,王先生随后向该女子汇款1 000元。次日,该女子称已经到达某酒店,要求王先生到酒店与其见面。王先生到酒店门口后,该女子来电称需要公婆同意为由,让王先生再汇款3万元表诚意,王先生见状不假思索又向该女子汇款3万元。后该女子又以需丈夫同意并将补偿款追加到250万元,继续诱骗王先生不断向其汇款,王先生才意识到被骗。

防范与应对:

"重金求子"实质上就是"借精生子",涉及社会、道德、法律等一系列问题,与现行的法律、伦理和社会道德相违背,因此,即便有人真的愿意与他人签订这种求子合同,法律也不会认可这种合同的效力。

而所谓的由律师事务所代理、由公证处公证、由工商局备案更是无稽之谈,在现实中根本不可能发生。遇到类似的信息时,应该擦亮眼睛,提高防范意识,以免受到不法侵害。

2.15 冒充房东短信诈骗

作案手法：

不法分子冒充房东群发短信，称房东银行卡已换，要求将租金打入其他指定账户内，有些租客信以为真，将租金转出后发现受骗。

相关案例

周女士在晚上的时候，手机收到一条短信，号码是本地的但没见过。短信上写着："你好，睡了吗？我是房东，现在在外地出差。明天你把这次的房租交了吧，我着急用钱，钱打到我妻子的卡上，号码是*****李某。打好给我回个信息。"周女士刚准备睡觉，考虑到房东可能也要睡觉了，就没马上打回电话。第二天早上，周女士起床后急着上班，路过银行时突然想起"房东"的短信，就到银行办理汇款，按照卡号打过去2400元。等晚上下班回家，周女士和朋友说起来，觉得有点不妥，给房东打电话，房东却关机了。没过几天，房东找到周女士，让她交房租。"我不是给你打钱了吗？"周女士问道，而房东却说，自己没发过短信，更没收到钱。两个人到银行调取记录，所谓的"房东妻子李某"，根本不是房东的妻子。周女士才知道自己上当了。

防范与应对：

针对此类诈骗方式，最关键的是要多方核实，尤其是涉及财物的问题，一定要跟房东本人取得联系，确保信息无误。在未核实短信真假情况下，不要轻易给他人汇款

2.16 购物退税诈骗

作案手法：

不法分子事先获取到事主购买房产、汽车等信息后，冒充国税局、财政局或车管所的工作人员，谎称根据国家最新政策，事主可享受购车、购房退税。并且在沟通过程中，能够准确地说出事主的个人信息和相关消费信息。在获取信任后，不法分子告诉事主今天是退税的最后一天，需要抓紧办理，办理方式是按照对方的引导，在ATM机上

进行操作。在ATM机上操作时,不法分子以退税系统为英文系统为由,诱骗事主进入英文界面,并以"退税号"、"登记号"等名义,诱骗事主输入指定的转账账号。

相关案例

谢先生刚购车后不久,他接到自称是国家税务机关工作人员的电话,并说国家最近出台了购车退税政策,谢某可以享受"购车退税"5 500元,且当日是最后一天,让谢某抓紧办理。谢某欣喜之下按照对方的提示来到银行ATM机进行操作,结果被骗13万元。

防范与应对:

1. 真正的购车退税并不常见,若接到陌生来也称可以"购车退税",不要轻信,并千万不要透露个人银行账号和密码。

2. 即使对方能准确说出消费信息,也要冷静思考,主动去相关部门进行求证。

3. 在 ATM 机上操作时，不要接受银行工作人员以外的陌生人引导，有疑问直接向银行求助。

2.17　机票退、改签诈骗

作案手法：

不法分子冒充航空公司客服，以"航班取消、提供退票、改签服务"为由，诱骗购票人员多次进行汇款操作，实施连环诈骗。

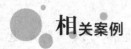

案例一

周女士在网上订购了一张机票，后来收到一条短信，内容是她预订的航班因控制新型冠状病毒肺炎疫情已被取消,要求周女士拨打专线电话改签或退票,且每位旅客有200元误机补偿。周女士见短信内票务信息准确,便拨打了"客服专线"。接通后,对方告知周女士已经没有可以改签的机票,让周女士立即申请退款并领取200元误机补贴。随后,周女士在对方的指导下,操作支付宝交纳了所谓的"流水证明",并向对方提供了支付宝验证码。在一系列操作过后,周女士并未收到退款,却收到了支付宝转账8 000元的交易提醒。周女士这才意识到自己被骗了,而她乘坐的航班根本没有取消。

案例二

常先生在网上提前订购一张从南京起飞抵达乌鲁木齐的机票,两天后收到短信称其预订的航班因控制新型冠状病毒肺炎疫情已被取消,且每位旅客将得到100元误机补偿。拨打了短信提供的电话后,客服人员让他提供了自己绑定的银行卡号,上报了卡内余额,随后给他发来了改签专用链接。根据页面提示,常某输入了自己的银行卡卡号、密码和手机验证码后,收到卡内余额全部被转走的银行卡提示短信。

防范与应对:

1. 收到机票退改签电话、短信时,第一时间通过航空公司官方电话或官方购票网站客服进行确认,不要轻信陌生电话、短信。

2. 因非旅客原因造成的航班取消,办理退改签是免费的,不需要交纳手续费。任何情况下的机票退改签,都不需要流水证明。

3. 如不慎被骗，请立即拨打 110 报警，并保存好短信、通话记录、支付交易等相关的凭证，通过法律手段保护自己的权益。

2.18 ATM 机告示诈骗

作案手法：

不法分子预先堵塞 ATM 机出卡口，并粘贴虚假服务热线，诱使用户在卡"被吞"后与其联系，套取密码，待用户离开后到 ATM 机取出银行卡，盗取用户卡内现金。

相关案例

刘先生在 ATM 机取款。卡插进去了，但是卡被吞了，刘先生看到在ATM机的不起眼位置，看到张贴着一张服务告示，上面写着"如取款出现问题，请拨打以下电话"，还列出一个手机号码，号称是银行工作人员。刘先生没有多想，按提示拨了过去，然后对方自称银行客服，要帮刘先生查询数据，需要刘先生提供银行卡账号及密码，刘先生提供了银行卡账号密码后，发现银行卡的钱被悉数取出。

防范与应对：

银行不会在ATM机上粘贴卡片等物品，客户取款时应先检查取款机是否有异常，发现异常立即停止使用。也可以拨打114，查询相应银行的客服电话号码后，联系工作人员进行处理。切勿相信ATM机上粘贴的小卡片，不要盲目拨打各种"电话"自行解决。

2.19 刷卡消费诈骗

作案手法：

不法分子通常采用群发短信，假称事主银行卡有大额消费，可能是银行卡被盗刷，或者个人信息被盗用。然后，冒充银联中心或公安民警连环设套，要求将银行卡中的钱款转入所谓的"安全账户"或套取银行账号、密码，从而实施诈骗犯罪。

相关案例

朱女士的手机收到短信,称其在外地用银行卡消费,将于结账日从其银行卡中扣除。朱女士并没有外出购物,就联系了短信上留的电话,对方自称是银联的工作人员,称可能是有人冒用朱女士的信用卡消费,同时提供了一个账户,让朱女士将银行卡上的钱转到该账户上办理"资金保全",朱女士按照对方的指示将自己银行卡上的3万余元转到对方提供的账户上。后朱女士到银行查账时发现,自己的钱已经被转走。

防范与应对:

1. 不要轻信来历不明的电话和手机短信,不管不法分子使用什么花言巧语,都不要轻易相信,要及时挂掉电话,不回复手机短信,不给不法分子进一步布设圈套的机会。

2. 学习了解银行卡常识,保证自己银行卡内资金安全,绝不向陌生人汇款、转账。

3. 拨打银行客服电话核实相关情况。

2.20 伪基站诈骗

作案手法:

不法分子利用伪基站向广大群众发送网银升级、10086移动商城兑换现金的虚假链接,一旦事主点击后便在其手机上植入获取银行账号、密码和手机号的木马,从而进一步实施犯罪。

相关案例

案例一

董女士在家里收到了一条工商银行客服发来的短信。由于董女士本身就是工商银行储蓄卡的用户,所以她没有任何怀疑,顺手点开了短信。短信内容写到,尊敬的工行用户,您的账户累计积分2680分,即将逾期清空,请立即点击如下网址,兑换268元的现金,落款是工商银行。董女士就把这个网站点开了,按照网站的提示,董女士逐一填写了自己的银行卡号、身份证信息,以及交易密码,并进行提交。然后董女士的银行卡被转走了2万余元。董女士立即赶到银行柜台进行查询,结果银行证实,银行的确没有发送过积分兑换的信息,而这条信息上的链接,也不是银行的官方网站。

案例二

钟先生手机突然收到一条"95555(招商银行)"发来的短信。告知他手机银行失效,需要登录指定网址重新补录验证。拥有招商银行卡的钟先生没有多想,就登录了这个网址,并按提示输入了自己的身份信息和银行卡信息,手机页面在运行十几秒后出现输入验证码的对话框,随即手机又收到招商银发送的一条含有验证码的短信,由于是便捷提醒,钟某看到验证码后没有仔细看,立即就把验证码输入进去。短短数十秒后,钟先生手机收到一条转款183 000元的短信。意识到自己被骗后,钟先生立即报了案。

防范与应对:

由于"伪基站"的设备可更改发送短信号码,所以它的迷惑性特别强。当收到"银行卡密码升级""积分兑换""中奖""要求转账"等短信时,一定要提高警惕,不要轻易点击短信中的网络链接,更不要转账汇款。

2.21 钓鱼网站诈骗

作案手法：

不法分子以银行网银升级为由，要求事主登录假冒银行的钓鱼网站，进而获取事主银行账户、网银密码及手机交易码等信息实施诈骗。

相关案例

范小姐收到一条由手机号131××××6379发出的短信："尊敬的网银客户，你的网银E令于次日到期。请登陆＊＊进行升级，给你带来不便，敬请谅解，详情咨询95566（中国银行）。"范小姐虽然对私人手机号发出的短信有些疑惑，但看到了短信中的中行网址似曾相识，便登录了该网站。范小姐按照网站提示进行所谓的E令"升级"，输入了登录名、密码和动态口令后，却收到了卡内资金被转走的短信提醒，此时，范小姐猛然醒悟自己已经受骗上当。

防范与应对：

认准银行官方网址，切勿在其他道网址输入电子银行用户名、密码、动态口令和手机交易码。

2.22　贷款诈骗

作案手法：

不法分子通过群发信息，称其可为资金短缺者提供贷款，月息低，无需担保。一旦事主信以为真，对方即以预付利息、保证金等名义实施诈骗。

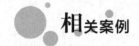相关案例

案例一

单女士接到一个询问她是否需要贷款的电话。单女士正好有资金需求，于是向对方询问了具体事宜。对方让单女士下载一个APP软件，并在软件中输入自己的银行卡号。但是，单女士输入卡号时，被告知刚才输入卡号有误，于是对方称更改卡号需要先支付5 000元手续费。单女士按照约定将5 000元转到对方提供的银行账号上，准备提取贷款时，被告知APP提现密码过期，需要支付4 000元激活，激活后会将4 000元返还。但是，单女士按指示操作后，又被告知贷款公司"风控部门"发现单女士有征信不良记录，需要支付9 000元担保费。之后，对方又以先还1 588元分期还款、提现密码过期等方式前后总计骗取单女士3万多元。

案例二

张先生接到一个自称是某贷款平台的客服工作人员的电话。对方称张先生在公司有68 000元的贷款额度并可以贷款，利息也比较低。急需用钱的张先生，在电话中与对方进行沟通后，便信以为真，他就按对方要求进行操作，通过微信转账的方式转给对方5 000元。之后，张先生就无法联系上该客服人员，贷款也没有下来，张先生才发现自己被骗了。

防范与应对：

1. 申请贷款时，需到国家正规金融机构申请贷款，降低贷款的风险。正规的贷款机构都具有营业执照，在进行信用贷款时需要相关的身份证明和资产证明手续。最直接最有效的方法就是直接打电话到当地的工商局，看这家公司是否注册过。

2. 银行、正规的贷款公司不会要求借款人在申请贷款前就提前支付"保证金"、"手续费"、"保险费"、"服务费"等各种费用。因此要去了解金融贷款知识，提高对贷款诈骗的防范意识，谨防落入诈骗陷阱。

3. 不要点下载链接或陌生渠道下载APP，更不能在这些网站或平台内填写个人身份信息。同时，贷款时要求支付各类费用的，直接判定诈骗。

2.23 复制手机卡诈骗

作案手法：

不法分子群发信息，称可复制手机卡，监听手机通话信息，不少群众因个人需求主动联系嫌疑人，继而被对方以购买复制卡、预付款等名义骗走钱财。

第 2 章 50 种常见电信诈骗揭秘

相关案例

王先生收到一条短信：可以复制别人的手机卡，只要你准确报出你要窃听的机主的号码，就能够随时掌握这个号码的来电、去电及所有短信的内容。王先生因为和老婆关系一直不和，王先生总是怀疑老婆在外边另有他人，于是王先生收到这个短信之后异常欣喜，王先生想复制老婆的手机卡，以便随时掌握老婆的手机通话情况和短信内容。抱着这种心理，王先生就与自己手机上收到的短信中的联系电话取得了联系，对方发短信让王某汇款1000元到指定的账号中，王先生随后到附近的银行向对方的账户里汇款，之后再和对方联系，对方又让王先生再汇7000元，王先生提出要价太高，对方短信威胁：不汇款就将此事告诉王先生老婆，这时王先生进退两难，才知道自己钻进了骗子的圈套。

防范与应对：

不法分子群发信息称可复制手机卡，监听手机通话信息，不少人会因个人需求主动联系犯罪分子,进而就会被犯罪分子以购买复制卡、预付款等名义骗取钱财。事实上,每张手机卡都有一个独立的卡号,同时还有一个独立的密码,安全性非常高,不可能被复制。同时,复制手机卡,监听手机通话信息是违法行为,按照《治安管理处罚法》规定:偷窥、偷拍、窃听、散布他人隐私的,处五日以下拘留或者五百元以下罚款;情节较重的,处五日以上十日以下拘留,可以并处五百元以下罚款。

2.24 虚构色情服务诈骗

作案手法:

不法分子在互联网上留下提供色情服务的电话,待事主与之联系后,称需先付款才能上门提供服务,事主将钱打到指定账户后发现被骗。

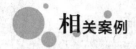
相关案例

某高校大学生小胡来到派出所报警，称自己被骗走 6 300 元。被骗原因，小胡难以启齿。原来他想通过网络找色情服务。小胡当晚正在上网，突然 QQ 上收到一条好友申请，通过以后，对方向小胡声称可以提供所谓"特殊服务"。

"我们这里小姐上门提供服务是明码标价的，给你看看'价目表'。少妇 300 元、学生妹 400 元、模特 500 元……但要先付款才能提供上门服务。"

"是不是直接汇款就可以享受服务？钱我汇过去了。"

"300 元收到了，出于对小姐人身安全的考虑，还得再汇 3 000 元'保证金'。"

小胡向朋友借钱，分两次给对方汇去了 3 000 元。但对方称保证金不能分两次交，要一次交完。小胡于是又向对方汇去 3 000 元。先后四次，小胡连凑带借共给对方汇去 6 300 元，钱交完了，对方也消失了。无论小胡再怎么说话，对方始终不回复。如梦初醒的小胡这才意识到自己被骗了。

防范与应对：

卖淫嫖娼属于违法行为。遵纪守法，洁身自好是杜绝此类诈骗案件的根本，如果发现被骗，请第一时间拨打 110 报警，或就近到公安机关报案。

2.25 提供考题诈骗

作案手法：

不法分子针对即将参加考试的考生拨打电话，称能提供考题或答案，不少考生急于求成，事先将好处费的首付款转入指定账户，后发现被骗。

相关案例

小李准备参加某特殊岗位考试，但是因为复习的不到位，心里非常不踏实。考前一周左右，小李突然在互联网上发现，有人声称"有内部渠道"可以提前拿到考试题，小李怀着试一试的心态，同这个人取得了联系。

小李："你们提供的这个考题靠谱吗？"

对方："没问题，我们跟出题老师关系非常好，拿到的题百分之百准确。"

小李："但是……考题这么容易能拿出来？"

对方："你就放一百个心吧，不瞒你说，这就是我们跟出题老师合作搞的生意，你买试题的钱，得有一大部分进老师的口袋。你说说，这老师能骗你吗？"

在对方的大力鼓吹下，小李开始有点相信了，对方又对他说，不用一次性付完全款。

对方："你看这个考试也挺重要的，我们维护跟那个老师的关系也不容易，也不跟你瞎要价了，你先付3000块钱定金，等考试通过后再付剩下来的5000块钱。"

对方这个付款方案，让小李吃了定心丸。立刻向对方指定的银行账户上汇去人民币3000块钱，对方又打来电话，要求小李再汇1000元保密保证金。

小李："怎么还要收钱，不是考试完了之后才付的吗？"

对方："是这样，你得确保不把我们给的考题告诉别人。如果没有泄密情况，这1000元考完试是要还给你的，你说是不是这个理。"

小李于是再次相信了对方的说辞，继续汇款过去，然而，对方的电话再也无法接通。这时候，小李才发现，自己上当受骗了。

防范与应对：

1. 广大考生切勿抱侥幸心理，诚信面对各种考试；

2. 考试作弊后果很严重，容易得不偿失；

3. 针对考试漏题和作弊的行为已有明确法律规定，试题外泄的法律后果很严重，很难有漏题泄密的情况发生，要防止被骗。

2.26 刷单类诈骗

作案手法：

不法分子通过发布"诚招网络兼职，帮助淘宝卖家刷信誉，可从中赚取佣金"的推送消息。事主按照对方要求多次购物刷信誉，后发现上当受骗。

刷单诈骗流程图

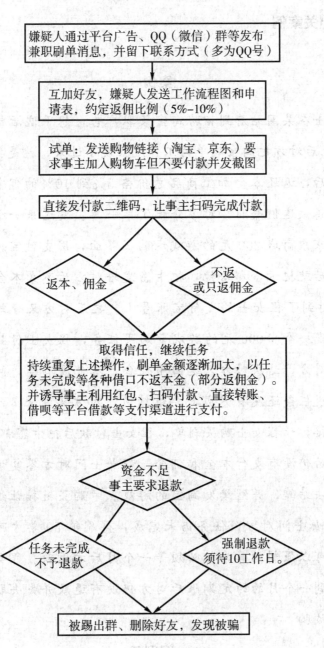

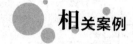
相关案例

案例一

程女士在某网站看到招聘淘宝兼职广告,想干这活就加了对方的QQ,加上后对方把淘宝刷单的工作流程发了过来,就是接下任务拍下商品付款后,返还本金加上商品总价格5‰到10‰的佣金。程女士了解后表示想做这份兼职,对方分配了第一单:发过来一个链接,点进去是一个京东商城200元的游戏卡购买界面,用支付宝付款后对方说每次购买后就把卡密发给他,把卡密发给对方后不久本金和佣金共计210元就打到了程女士的支付宝账号上。之后对方又分给程女士第二单任务:是一个1 000元的游戏卡购买任务,程女士付款购买后把卡密发给了对方,这次对方只返回了佣金,本金没有退,问对方怎么回事,对方说任务还没有完成需要继续做,对方又发来3个2 000元的游戏卡链接,让程女士购买刷单,程女士付款后把卡密都发给了对方,对方收到后仍没有支付本金和佣金。程女士问对方答复说任务没有全部完成没法结算,并继续发淘宝的游戏点卡购买链接让继续刷单,刷17单后程女士问对方,任务仍未完成,得刷够50单才可以,程女士如果终止可以强制结算,但必须等一个月后才返款。程女士要求强制结算后,到一个月的约定期限后对方仍没有退款并失去联系,程女士才意识到被骗。

案例二

徐先生在微信群里看到一则刷单消息:勤工俭学,刷一单可得本金的百分之九提成，日赚 500 元左右，有意者请加微信私聊。闲来无事的徐先生便加了对方为好友，下载聊＊宝 APP 进行接单。接着徐先生往对方发来的二维码扫码支付完成了第一笔刷单业务，得到了返现 158 元佣金，随后他又按对方要求继续转账刷单，先后转了 500 元、2 500 元、3 000 元，对方称任务完成后统一返现。当刷完最后一笔单 5 000 元需要返现时，对方称徐先生的刷单账户被冻结了，导致本金和佣金无法通过系统支付，需要支付 5 000 元激活，徐先生按照对方要求转账后，对方却又称只激活了 50％，还需要继续支付，此时的徐先生才发现被骗，共计损失一万五千余元。

防范与应对：

1. 不法分子多会通过网页弹窗、兼职 QQ 群、微信群、QQ 空间、朋友圈等发布网络刷单兼职信息，但网络兼职刷单等虚假交易行为已被明令禁止，并非正当职业。

2. 淘宝等网购平台的刷单行为是网店和刷客之间的一种虚假交易行为，是不受法律保护的，不要轻信网上"兼职刷单，在家轻松月入过万"的宣传广告。请记住"低门槛高收益"、"先垫付再返利"的网络兼职，百分之 99.99 都是陷阱。

3. 克服"贪利"思想，不要轻信所谓的高额返佣。

4. 如果对方发来网站链接、二维码等，一定要确认真实性。

5. 不要泄露个人信息，包括身份证、手机号码、银行卡信息、住址、家人信息、照片等，不要向陌生人账户汇款。

6. 提高防范意识，学会自我保护，如发现自己上当受骗，请第一

时间收集好证据并报警

2.27 公共场所山寨 WiFi 诈骗

作案手法：

不法分子设置与山寨信号，这类信号就是一些盗号者在公共场合放出的钓鱼免费 WiFi，当连接上这些免费网络后，通过流量数据的传输，黑客就能轻松将手机里的照片、电话号码、各种密码盗取。

相关案例

张女士跟朋友逛街时，偶然在一家商场内发现一个没设密码的 WiFi。平日里喜欢网购的张女士立刻连接了这个信号，并将她看中的一件衣服在淘宝上进行了对比，由于价格便宜了近一半，她便毫无犹豫地通过手机银行支付方式在淘宝上购买了这件衣服。没想到的是，张女士的手机随后就连续收到短信提醒，其信用卡被盗刷 4 笔，每笔金额在 2 000 以上，总金额高达 8 000 多元。

防范与应对：

1. 在连接公用免费 WiFi 前，最好与工作人员确定下哪个才是真正的 WiFi。此外，目前国内运营商提供的免费 WiFi 热点安全性相对较高，可通过电话或短信，获取免费的 WiFi 账号、密码。

2. 及时为各类移动终端安装安全防护软件，可以有效降低在使用公共网络时遭受病毒侵害的风险。

3. 不要打开 WiFi 自动连接功能，减少连接上"钓鱼"WiFi 的风险。

4. 切勿在连接公用 WiFi 或万能 WiFi 钥匙类应用时使用一些重要账号，包括银行卡信息、网银账号、支付宝账号、微信账号等。

2.28　PS 色情图片诈骗

作案手法：

不法分子通过网络搜索各地领导干部、企业老总、国家公务人员等的个人信息，并用 PS 合成色情照片，并附上收款账号邮寄给被害人进行威胁恐吓，勒索钱财。

相关案例

李某某从网络上下载各地各部门领导官员图片，又非法购得大量银行卡和裸照等，利用PS技术将下载的领导人图片与其购买的裸照进行合成，生成一些领导干部的不雅照，然后采用邮寄的方式将裸照与诈骗信一起寄给合成照片上的领导人，并在信件中明码标价5万到30万不等。截至被抓获时，李某某共邮寄出四百多封PS合成裸照进行诈骗，成功诈骗5万元现金。

防范与应对：

如果收到此类敲诈勒索信件，不要轻信，不要汇款，及时报警，积极提供线索，协助警方尽快侦破案件。

2.29 APP诈骗

作案手法：

不法分子通过假冒知名借贷类APP，以短信、网页广告等形式广撒网，通过放贷前收取工本费、解冻费、保证金、担保金等费用名目诈骗用户钱财。

相关案例

姜先生看到微信弹出一条自称为"360借条"客服人员的好友添加申请，因为正为买房凑不齐首付款而发愁，姜先生不假思索地通过了好友验证。紧接着，在一系列"360借条"网上贷款服务介绍之后，客服向姜先生发送了APP下载链接。

"他朋友圈里全发的是与360金融相关的内容,还给我拍了公司的营业执照,下载下来的APP也和360借条的图标一样,我以为他真是360金融的客服,就按照他的提示进行了操作。"姜先生说。客服告诉姜先生为了能确保申请的贷款额度到账,姜先生需要先交5%的手续费。

在将2 000元手续费转到客服提供的银行账户后,姜先生被要求核实他递交的个人信息。

"核实信息时,我发现反复查看多次的银行卡号竟然还是错了一位,虽然感觉有些奇怪,但我还是按照客服的提示转了7 000元作为修改信息的保证金。这个时候,客服又说因为我填错了信息账户已被冻结,需要继续汇款才能保证放款到账,才感觉被骗了。我没有继续汇款,向对方问询为什么仍要汇款时,对方已经不再回复我的信息。"在紧急联系360金融的官方客服后才知道,姜先生所认识的客服并不是360金融的客服,使用的APP也是假的。

防范与应对:

1. 下载软件时,务必选择官网或正规应用商店等渠道,不听信他人宣传通过扫码或点击链接随意下载。

2. 切勿在来路不明的APP里进行投资。在不确认对方身份的情况下,不轻易涉及金钱来往,更不要轻易相信高收益、高回报的投资产品。

2.30 冒充军警购物诈骗

作案手法：

此类诈骗案件主要针对个体工程承包商，私营业主。不法分子首先通过非法途径获取党政机关单位领导的个人信息等情况。冒充部队（消防队、武警、武装部等单位）有工程项目发包、订购食物、集中采购帐篷、旅行物资、日用品等，再借口部队需要采购其它物品并告知厂家电话，事主再次联系需购物品的厂家时。对方以先打款后发货为由，让事主将货款打入指定的银行卡内，进行诈骗。

孙先生接到一名自称本市某部队消防队工作人员的电话称，想采购

电线、水果、矿泉水,并约定好第二天上午10时送货。考虑到是"部队"的生意,孙先生没有多想,便把对方要的商品全部准备好。次日上午9时许,正当孙先生准备送货时,突然接到这名"消防队工作人员"的电话称,要一种名叫"北极星"品牌的罐头,让其代购后一起送到消防队,随后将该品牌罐头的"经销商"推荐给孙先生。孙先生联系到"经销商"后,"经销商"说他现在不干了,又把厂家的电话推荐给孙先生。孙先生和厂家联系后,厂家的报价利润很高,孙先生便同意了这场生意。厂家让孙先生先交付60%的货款。等孙先生把一万六千余元打到对方指定的银行卡后,发现"消防队工作人员"、"罐头经销商"和"罐头厂家联系人"全都联系不上了,才意识到被骗,遂报警。

防范与应对:

1. 广大商户在网上发布采购信息时不要透露过分详细的个人信息,对任何自称军、警方面人员的陌生电话都需保持戒心,任何军、警单位均不会轻易与个体商户合作,更不会要求群众汇款。

2. 军警人员采购物资会履行严格的书面程序,切莫相信这种空对空的电话联系和汇款转账方式。

3. 遇到类似情况时需提高警惕,首先要核实其身份真伪,交易中如无法核实对方提供的供货厂商是否正规时,请立即中止交易,谨防上当受骗!

4. "切莫贪小便宜,天上不会掉馅饼",如不幸被骗,立即拨打110报警。

2.31　网络游戏交易诈骗

作案手法：

1. 不法分子以低价销售游戏币及装备为名，骗取玩家信任，让玩家通过线下银行汇款，待得到钱款后即食言，不予交易；

2. 不法分子在游戏中发布虚假广告，称可以低价代练装备，待得到玩家汇款后，就不联系，拉黑受害者；

3. 不法分子在游戏中联系需要卖装备或者卖账号的玩家，已高价收购，再推荐假的第三方交易网站，通过假交易网站上假的资金入账，让受害者把装备交易，同时在假交易网站上以各种理由（交押金，银行账号输错被冻结等）让受害者充值才能提款，当被害人充完后，发现永远无法提现，才意识被骗。

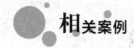 相关案例

案例一

小王在网上看到一个帖子,一名陌生网友称可以低价购买某网游游戏币。小王心动不已,根据其留下的QQ号联系上对方。对方称,700元可以充值2 000个游戏币。"这个价格确实很低,正好刚发了工资,我就决定买点。"小王和对方讨价还价,最终以1 370元的价格充值2 000个游戏币。然而让小王没想到的是,他转账给对方后,随即就被对方拉黑了。

案例二

小陈之前和朋友一起接触某网络游戏已有两三年时间,在游戏里花了不少钱,购买游戏装备等等。最近,小陈越来越觉得游戏没什么意思,也不准备再玩下去,但想想这些年投入不少钱,觉得有点舍不得。

"正好之前有个朋友说,游戏账号也可以卖钱,我就想着把号卖了,还能回点本。"小陈就将要出售游戏账号的广告挂上了网。果不其然没多久,一个陌生人加了小陈的微信,想要购买其游戏账号。小陈开价4 000元,对方一口答应。见对方这么爽快,她很是开心,就将自己银行账号发给了对方。

很快,对方给小陈发来了一张转账成功的截图。截图显示,对方向其银行账号中成功转账4 000元。但当时小陈并没有收到银行的短

信提醒，对方还安慰她，可能是银行系统有所延迟。小陈觉得也有可能，就不再怀疑，并将自己的游戏账号和密码一同发给了对方。然而，迟迟等不到银行短信的小陈，再一查，发现根本就没有这笔转账，而所谓的转账成功的截图是PS的。

案例三：小林平时喜好上网玩游戏。近日，游戏里一个刚认识的好友欲高价收购小林的账号，小林见价格诱人，随后加了对方QQ就出售账号事宜做进一步的商榷。为方便交易，对方通过QQ发送了一个游戏交易平台，并指导小林如何挂号出售。果然，账号很快被"买"走，但要提现时却遇到了问题。平台客服以充值激活账号、账号出错等为由，引诱小林在交易平台上充值多次。最终，直到该游戏交易平台无法登录，小林才意识到被骗，累计被骗23 000余元。

防范与应对：

1. 不沉迷网络游戏。尽量不要购买网游装备、道具等，减少上当受骗的可能。

2. 不轻信非官方的网游充值优惠。要通过游戏官方充值渠道进行游戏充值，非官方的网游充值优惠渠道大多是骗子。

3. 不直接支付、转账进行交易。不管是微信转账、微信支付、网银转账等方式，都是向对方直接支付，一旦遇到虚假交易，容易造成一定的经济损失。

4. 在正规游戏平台进行交易。如需要购买游戏装备、道具等，玩家们可至使用游戏官方经营，或者授权的第三方平台进行交易。"提现要交手续费"、"账号冻结"都是骗子惯用的伎俩，目的在于诱骗受害者不停地向虚假平台账户充值，其实就是转账到诈骗分子账户，永远都不可能提取出来。

2.32 理财类诈骗

作案手法：

不法分子利用被害人的投资心理，以高额回报、迅速赚钱、人生赢家等等案例，哄骗事主下载理财 APP 软件在网上进行投资理财，事主先期投入少量资金后，不法分子会先让事主获利引诱事主相信，待事主大额资金投入后，发现不能提现且软件打不开，最终被骗。

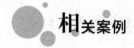
相关案例

案例一

陈小姐在朋友推荐下进入一个微信炒股群,在群里听一名"老师"讲炒股技巧。通过群聊天内容看得出"老师"在炒投上极为专业,每投必中,这让陈小姐和朋友都非常崇拜,觉得有幸进入这个群认识这样的"老师"非常难得。之后,陈小姐和朋友自然而然地在该"老师"引导下,参加"预测大盘"投资,"老师"让她们联系客服,具体赢钱方式为竞猜股票,猜中就赚钱,有"老师"的专业指导,陈小姐和朋友信心十足,分别在客服指定私人账号各充值了52万元和93万元。原本以为这是赚钱的契机,必定能大有收获,却没有想到在"老师"指导下不但一毛钱都没有赚到,最后账号金额显示为0。陈小姐再凑不到钱投资的时候,"老师"将她踢出了群,陈小姐这才醒悟落入网络理财骗局。

案例二

获得蝇头小利后,朋友将一个微信投资群推荐给刘女士。刘女士没有仔细研究,想着是朋友推荐的,顺手就下载一个名叫"SYSBCP"的平台进行比特币投资。尝试投资的时候,刘女士抱着试试看的心态,投了五万元,结果三天就收益1万多。虽然提现不能超过投资金额,但能提到现金,刘女士便对投资平台产生了信任和好感,加上群友的不断鼓吹,刘女士又投资了15万元,然后再追加7万元。因为形势不错,最后又追加了 10 万元,然后出现了小亏损。为避免损失过大,刘女士试图提现,但客服表示平台正在维护期,暂时无法提现,刘女士向群友寻问什么时候可以提现,没有一个人回复她,与之前积极的互动形成了鲜明的对比,刘女士这才发现不正常,极有可能遭遇诈骗,于是报警。

防范与应对:

投资理财请选择正规机构,切不可轻易相信来自群聊等小道消息鼓吹的所谓的高收益,不要在非正规的网站、软件等处进行投资理财等网上交易。对高额收益的投资要保持警醒。要加强自我保护意识,不轻易添加陌生人微信或 QQ 好友,凡是涉及投入资金或资金转账等问题,务必保持清醒头脑,多和家人、朋友商量,也可以向公安机关咨询,一旦发现被骗,应立即报案。

2.33 "杀猪盘"诈骗

作案手法:

"杀猪盘"并不是现实生活中真正的杀猪,这是一种以恋爱交友为名,骗取信任后引诱事主参与博彩理财的骗局,也属于理财类诈骗的一种。不同于其他骗局的"短平快",杀猪盘最大的特点就是放长线

"养猪",养得越久,杀得越狠。就像现实世界的"酒托",不法分子会包装成某个身份与你邂逅,隔着网线陪在你身边,聊天,倾诉,培养感情,待你充分信任对方后,再引你至网站,瞬间爆炸完成单杀。"杀猪盘"最常见的形式是爱情骗局,其实类似骗局连中央电视台都曾多次曝光,但上当的人依然不少。

不法分子在网上伪装成成功人士,对单身者嘘寒问暖,将此过程称为「养猪」,养肥了就进行诈骗。这种伴随着互联网发展衍生出的新型诈骗,不管针对什么人群,都是换汤不换药。

第一步,寻找目标

首先不法分子会寻找年龄在 30 岁以上的成功人士,这个年龄段的人士一般都有经济基础,成功人士对感情有一定需求,所以会符合他们的要求,把这样的人当做目标。

第二步,取得信任

不法分子会在添加事主好友之后,频繁与事主聊天,让事主对其产生信任,有些不法分子甚至会对事主关怀备至,与事主确定恋爱关系,让事主对其的信任更深。

第三步,怂恿投资

等到关系稳定,不法分子便开始怂恿事主在其自制的平台购买股票,大多数人就会试着小额投入几笔,不法分子会通过后台操作,让事主小赚几笔。

第四步,大量投入

当事主尝到甜头之后,不法分子会并声称自己已经掌握了这个股票 APP 的规律,只要跟着他(她)投资稳赚不赔。这时,事主已经深信不疑，便往平台里面大量投入。

第五步，无法提现

等到事主投入大量金额之后，看到平台金额并未增加，准备将里面的金额提现，发现提不出来。

第六步，销声匿迹

事主再想与对方交涉时，不法分子已经消失得无影无踪。等到事主恍然大悟，发现自己上当受骗后，钞票已经进入不法分子的口袋了。

此类网络诈骗重点在于一个优秀的人设，针对各类人群的骗子还会进一步细化：

1. 表明自己是找长久伴侣的

2. 角色多为「TOP」

3. 爱好中必有一项是健身

4. 副业多为金融、投资、做小生意

5. 感情很主动，会讲情话

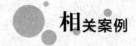# 相关案例

案例一

唐先生突然收到"美女"加好友的申请,对方头像是一个漂亮的美女,开始就很热情地问是某某某吗?唐先生否认了。初次聊天到此为止。

唐先生无事的时候,经常会看朋友圈,发现这个美女家庭幸福美满、生活质量很高,也渐渐对她放松了警惕。

"我是家庭主妇,平时兼带做一些理财和投资。""美女"告诉唐先生,自己也是跟带单老师做的,只需做单就可以,并很积极地给了唐先生网上理财平台带单老师的联系方式。

唐先生跟带单老师联系后,"老师"说必须50万元以上的资金才能参与,唐先生心里没底。"做这个确实需要比较大的资金,如果没资金,就先不要做了。""美女"淡然的口气,刺激了唐先生,他决定放手一搏,起初也确实获得了一些小利润。

"今晚要有大动作,我做单的品种有比较好的国际行情。"听到"美女"这么说,唐先生兴奋地把家里所有储蓄都拿了出来,追加到80万元。后唐先生发现资金无法提现,才反应过来被骗。

案例二

朱女士通过交友网站无意被一名头像帅气、谈吐幽默的赵某吸引,后两人互加微信私聊。由于疫情防控原因,外地回郑打工的朱女士被

隔离在家，心情比较焦躁，面对赵某每天至少两小时的嘘寒问暖、关心开导，很快让朱女士赵某产生了强烈的信任感和依赖感，以为找到了真爱。

相互热聊期间，赵某总是不经意透漏出"我喜欢喝茶、健身、投资彩票赚钱、旅游"等业余爱好，完全把自己包装成为时尚的成功人士，让朱女士羡慕不已。每天，赵某还会把他当天投资彩票进账的数额告诉朱女士，从几百到几千不等，还轻描淡写的说"现在我只丢进去五万在里面，刚开始也就投入个几百块"。朱女士只是一个打工人员，并且没有多少存款，刚开始她并不是很在意，也没想能做投资赚钱。但经不起赵某多次灌输"投资不大，每天都有进账，掌握平台漏洞"的思想后，在改善生活的驱动和盲目的信任下，朱女士产生试一试的想法。朱女士按照赵某要求扫码进入一个彩票平台，抱着先充值100元试试看的想法，在赵某指点操作下，不到两分钟朱女士就赚了22元，并且可以能很快将钱提现到银行卡内。接着她又充值了1千元，结果又赚了110元，此时的朱女士似乎看到了一条快速致富的道路。

兴奋的朱女士把自己赚钱的消息告诉赵某，更是对赵某感激不尽、信赖有加。赵某告诉朱女士如果进入VIP房间会挣的更多，但是VIP最低充值3万元。此时的朱女士已经完全陷入发财的梦想中，把自己工资卡上的半年积蓄3万元充值进去，按照赵某的语音操作，又挣了3 100元。

"现在彩票平台正在进行三周年大放送，充值5万元升级贵宾会员，回报率会更高。"看着赵某发的微信信息，胆小的朱女士此时意识到风险有点大，想要退钱提现，但系统却显示密码输入错误，资金被冻结。朱女士急忙联系客服，系统客服称需要充值 91 776 元才能解冻，但朱女士的卡上只剩下 13 000 多元，已经没有那么多钱可以投入。急于赎回前期投入资金的朱女士在赵某"手把手"指导下，从某网络借款平台上借 7 万多元钱充值进去。

可这场噩梦并没结束，一番操作后 9 万多元钱投入并没有解冻，系统客服又告诉朱女士需要再充值 58 224 元钱升级铂金会员，才能没有限制随时提现。可怜的朱女士又一次向热心的骗子赵某求救，赵某又教朱女士怎么从另一网络贷款平台上借款 3 万，再拿着自己的信用卡去套现 3 万，再充值 58 224 元钱进去。

之后客服又以账户流水不足为由说不能提现，需要继续充钱才能取现。这样不断翻新的理由要求朱女士一直充钱，3 天时间骗子挤干了朱女士穷其所能的资金高达 261 000 元，看到朱女士实在没有油水可榨，赵某将其拉黑，朱女士才意识到自己被骗。

防范与应对：

1. 网络世界是虚拟的，对方是"白富美"、"高富帅"、"魑魅魍魉"很难甄别，要树立正确的婚恋观。

2. 在"杀猪盘"骗局中，骗子一定会对线下见面的要求百般推辞。

3. 无论聊得多么投机，最终一定会引入博彩、投资等话题，接到自称是"投资专家"、"投资平台工作人员"等加好友拉你进入股票、虚拟货币等平台转账投资的均是诈骗。

2.34 民族资产解冻类诈骗

作案手法：

不法分子伪造国家部委印章、证件、公文，冒充中央领导，编造"民族大业""菜篮子工程""国防预备役部队""精准扶贫""养老帮扶""慈善富民"等虚假项目，物色代理人通过微信群等现代通信、金融工具发展人员，声称缴纳数十元、上百元会费、报名费等费用就能获利数十万、数百万元，甚至谎称可以加入"中国人民解放军预备役部队"，授予"司令"、"军长"、"师长"等职务，还可终身领取工资等，从而实施诈骗。

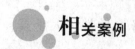

2017年4月，数万名老人前往北京鸟巢体育馆，参加所谓"民族

资产解冻大会"。组织者宣称，每人收取10元胸牌制作费，到现场就可以领取5万元现金并报销来回食宿费。

这些老人后来得知，这个由名为"慈善富民总部"所组织的活动，其实完全是一场违法骗局。4月23日，"慈善富民总部"陈玉英、陈春雨、李娜等3名核心人员全部落网。

这些"上线"通过QQ邮箱向陈玉英发送伪造的国家公文，证明"解冻民族资产"是合法的，并提供账户和项目投资金额。主要行骗口径是：在国外银行有我国被冻结的民族资产，需要通过会员出资予以解冻，解冻后资金的60%上交国家，剩余40%由资金持有者和出资会员共享。

在"银主""接班人""国家工作人员"的诱惑下，陈玉英将上述情况通过微信群，分别由主管、总管、群主在微信群内发布消息。微信成员自愿报名参加活动，通过微信红包方式缴纳资金解冻费、资金使用证、资金来源证、缴税、制作胸牌费用等，每人从一元至几十元不等。报名人数和转账钱数分别由每个群的核单员逐级汇总上报，最终汇至陈玉英银行账户，由陈向"上线"转账。

公安机关查明，在不到一年的时间内，有上亿资金汇集到陈玉英处。陈玉英将这些费用汇入不同项目的账户，企图撬动"民族资产解冻"大业获得巨额回报。

"鸟巢大会"便是陈玉英受上线诱惑而引发的一场闹剧。公安人员介绍，广西籍男子杨华兴见很多人通过诈骗发家致富，他也动了这方面的心思。通过当地几个从事诈骗的人介绍，杨华兴知道了陈玉英的联系方式与她从事的"民族大业",便谎称自己为"最高民族资产解冻委员会"成员,只需要缴纳10元胸牌制作费,便可以前往鸟巢体育馆领取五万元。深信不疑的陈玉英立刻将这一"好消息"广而告之,大批老人动身前往鸟巢。

防范与应对:

1. 当前我国没有任何民族资产解冻类的项目,凡是打着类似民族资产解冻旗号进行敛财的,不管钱多钱少,均是诈骗。

2. 凡是转发鼓动、宣传所谓民族资产解冻类相关信息或组建相关微信群、QQ群招募会员、收取费用、进京聚集的均涉嫌违法犯罪。

2.35 网络交友诈骗

作案手法:

此类诈骗主要针对男性,不法分子以美女形象出现,先和男网友分享自己的感情遭遇,在朋友圈发布照片,营造积极向上的少女形象。在打消男网友心理戒备后,通过各种借口要求男网友转账,主要有"卖茶女"、"支教女"等。

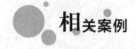

案例一

于先生的微信被一位名叫小芳的人添加好友。后小芳称自己在山区支教刚与男友分手，于先生出于同情安慰小芳。在微信交谈过程中，于先生感觉对方温柔善良，看到她朋友圈支教的照片后，于先生更是深受感染。

接下来的一段时间，两人相谈甚欢，感情迅速升温，于先生觉得他遇到了真爱。

因此，在"支教女孩"提出奶奶过生日发红包，自己过生日买礼物等事由，于先生丝毫没有怀疑，并陆续发出红包，金额从10元、20元、30元到520元、1 314元不等。

接下来，重头戏就登场了。

小芳称，其亲生母亲去世，生前给自己留下一个茶庄，现在正与继母争夺茶庄经营权，条件是必须在一个月内达到营业额达到5万元，否则继母就要卖掉茶庄。

小芳还在微信上给于先生出示了一张三方协议。于先生对其是深信不疑，为了帮忙，于先生还从小芳处购买了1 000元的茶叶，几天后于先生收到了小芳寄出的茶叶。又过了几天，当小芳提出，经过努力营业额还差一万元时，于先生想也没想就又出手相助，在于先生转账1.34万元后，小芳迅速将其拉黑。

案例二

朱先生在微信上认识了一位女生，对方自称经常去云南山区支教。面对陌生人添加好友，朱先生首先表示自己不是学生家长，可对方却说"加错了也是缘分"，随后主动搭话聊了起来，对方自称姓黄，是一所幼儿园的老师，马上就要准备结婚了，可没过几天，这位"黄老师"又说婚不结了，自己发现男朋友出轨，已经心灰意冷了。随后，这位"黄老师"自称去了云南西双版纳勐海县支教，并通过微信给朱先生发来了很多照片，既有较为艰苦的生活环境照片，也有她本人与山区孩子的合照，而且她的朋友圈几乎天天都在发布支教的相关情况，朱先生自然而然就信以为真了。

"黄老师"发消息给朱先生说想给班级里孩子买些文具，希望微信里的朋友们能帮帮忙，朱先生觉得帮助偏远地区的孩子也是奉献爱心，想都没想就连转了好几笔几百元的爱心款。之后，"黄老师"还发来了几段视频，内容是当地的孩子感谢热心人的捐助。朱先生先后通过微信红包和支付宝转账三千多元后，却发现对方再也联系不上了。当他上网搜索后发现，网上有不少人都反映自己有着同样的遭遇，甚至有人称自己被骗捐了上万元钱。

防范与应对：

1. 培养防骗意识，保持良好的社交心态，在没有确定对方真实身份和样貌之前，警惕经济上的来往，不向陌生人转账。

2. 保护个人隐私，不轻易透露自己的财产状况、家庭情况、家庭住址等信息，避免成为犯罪分子的目标。

3. 保持正确的投资、理财心理，规避高风险、不切实际的冲动行为。

4. 警惕对方发来的不明二维码、链接、App等，不轻易点击，不轻易扫码，避免财产损失。

2.36 点赞诈骗

作案手法：

犯罪分子冒充商家发布"点赞有奖"信息，以优厚的奖品吸引参加，然后再以邮费或税费自理等方式要求先扫描二维码支付，然后就失去联络或者将受害者拉黑。

电信诈骗大揭秘

相关案例

　　杨女士看到自己的微信朋友圈有人在集赞,只要集够28个赞,就能得儿童推车,集够58个就能获得儿童豪华遥控跑车一辆。这么诱人的活动,杨女士想也没想就转发到朋友圈了,没几个小时,杨女士这条朋友圈就得到了上百个赞。杨女士通过扫二维码,添加转发信息里的"欣欣儿童玩具商城"为好友,对方说需要她提供微信钱包里的付款二维码的截图,好核实有没有重复领取,并申明,不需要杨女士付款,只要截图。就这样,杨女士给对方发了三次截图后,对方还是说失效,并让她再次发送付款二维码。就在这时,杨女士手机连续收到了三张微信支付凭证,每一笔的付款金额都是是999元,合计2 997。这时候,杨女士才反应过来自己被骗了。

　　防范与应对:

　　此类案例中,诈骗分子利用最新的市场漏洞,发明新型的诈骗手法,在大家对微信钱包功能不熟悉的情况下,轻而易举就完成了"付款"。一定要注意,除了手机验证码,现在支付软件的二维码也不能随便发给别人。

2.37 发布虚假爱心传递诈骗

作案手法:

犯罪分子利用公众爱心实施的微信诈骗。这些犯罪分子将伪造的寻人、扶困帖子以"爱心传递"方式发布在朋友圈里,引起善良网民转发,一旦有网友出于好心汇款,钱就到了骗子的账户。

电视台在微信平台上发布了一条帮助尿毒症患者的视频连接,王

某看到该微信后,抱着帮助患者的心态在微信群里进行了转发,不少网友看了该视频后都向王某打听汇款方式,于是王某就动起了歪念,他自称"电视台王主任",在一些微信群里发布了自己银行账号,此后,一名网友通过微信红包的形式汇给他100元。为了骗取更多网友的信任,王某用另一个手机号码注册了微信,并把微信头像和昵称改成了一名主持人,利用这名主持人的名义在微信群里发布统一捐款账号。王某之前曾经参加过一档节目,被冒名的主持人和王某在这档节目的微信群里是同一个群的群友,收到栗某群发的诈骗信息,该主持人通过微信与栗某进行了联系,并向警方报了案。

防范与应对:

遇到这类爱心传递的微信,正确的态度是保持警惕,设法核实,不要轻易传播未经核实的信息,更不要轻易向未经核实的账户汇款。

2.38 虚构绑架诈骗

作案手法:

犯罪分子虚构事主亲友被绑架,如要解救人质需立即打款到指定账户并不能报警,否则撕票。

相关案例

叶先生晚上回家时发现本来反锁的主人房门被撞开，家里被翻得乱七八糟，银行卡不见了；女儿小娟不知去向，手机也打不通。叶先生立即拨打110报警。

令他意想不到的是，手机忽然响起，显示是女儿的号码，接通后一个陌生男子称小娟在他手里，要交500万元赎金才肯放人。

警方接到报警后迅速展开调查，发现小娟是自己离开家的。这让民警怀疑起了"绑架"的真实性。第二天上午，民警在公园找到了被"绑架"的小娟。

询问之下，小娟说出了事情经过：前一天晚上，她接到一个陌生电话。电话那头一自称是外省某地警方"张警官"的男子告诉小娟，她的身份证在外省登记办理了固话和银行卡，目前固话欠费、银行卡涉嫌洗黑钱，案值巨大，警方正对其进行调查。小娟一听顿时六神无主。"张警官"随后表示可以帮助小娟，但警告她从现在开始不能与任何人联系，否则将会马上被抓捕。

小娟连忙听从对方命令，撬开家中房门，拿了父亲的银行卡出了门。由于密码不正确，小娟无法使用银行卡，只得用支付宝转账了2万块给"张警官"用作开具"财力证明"。然后，小娟独自在绿化公园的长凳上坐了一整晚，直到被真正的警察找到。

骗子除了向她父亲勒索巨款以外，还打起了她手上银行卡的主意："张警官"联系小娟，要她在第二天下午到某快餐厅与1名"公安机关专员"接头，将银行卡作为"证物"交给"专员"。

办案民警将计就计让小娟去到餐厅，果然，有一名女子前来"接头"。民警马上上前将女子控制。经调查，这名女子也是一名被骗的受害者。被骗子利用，以为自己是帮助"公安机关"调查案件才到餐厅与小娟见面。

防范与应对：

1. 此类案件针对人群为16周岁以上持有身份证的青少年，青少年缺乏自我保护和安全防范意识，在遇到恐吓后难以第一时间做出正确判断。

2. 此类案件嫌疑人冒充公、检、法等政府单位工作人员，利用虚假政府网站伪造信息诱骗受害人，当受害人信以为真后按照嫌疑人提前设计好的步骤掉入其陷阱。其间，与其家长取得联系后实施诈骗。

3. 学生及学生家长提高警惕、增强防范意识，看到陌生信息不予理睬，接到陌生电话及时与父母取得联系或直接拨打110报警电话报警。

2.39 虚构包裹藏毒诈骗

作案手法：

犯罪分子以事主包裹内被查出毒品为由，要求事主将钱转到国家安全账户以便公正调查，从而实施诈骗。

相关案例

杨先生手机收到一条内容为邮局通知的短信，称"邮局有我的一件包裹派送不成功，叫我尽快与邮局联系领取"。随即，按照短信上的联系方式，杨先生用手机拨通了"邮局"电话。

接听电话的是一名年轻女子，自称是邮局工作人员，告知杨先生

"确实有一件包裹在邮局,包裹是从昆明邮寄过来的,但是该包裹涉及到毒品",要求杨先生与禁毒大队联系,并且"热心地"为杨先生提供了禁毒大队的电话号码。

"包裹里有毒品!""邮局员工"的回答让杨先生惊呆了,作为一名经营皮具生意的商人,怎么突然会有云南昆明的毒品包裹寄过来呢?杨先生立即拨通了儿子的电话,询问儿子有无朋友从昆明邮寄包裹过来,但儿子却回答说"没有"。顿时,惊慌失措的杨先生不知道该如何办才好,遂拨通了"邮局员工"提供的禁毒大队电话。

一名自称是禁毒大队王警官的男子接听了电话,杨先生遂将此前发生的情况尽数告知对方,"王警官"电话里安抚杨先生不用着急,他会马上帮忙查一查。不一会儿,"王警官"告知杨先生,"你的包裹确实涉嫌与毒品有关,并且对方会将你银行的钱卷到贩卖毒品上去",杨先生听后大为惊慌,急忙向"王警官"寻求帮助。

在"王警官"的指示下,杨先生与一名自称是银联中心的工作人员取得联系,将自己近40万元人民币,总共在3家不同银行分7次转账到对方指定的"安全账号"。之后,杨先生回到自己的皮具厂稍作休息,醒来后,也慢慢回过神来,觉得刚发生在自己身上的事情疑点重重,与妻子商量,才惊觉自己被骗了,但一切已经太迟,汇出的钱已经追不回来了,杨先生只好拨打110报警求助。

防范与应对:

凡以通知领取"邮政包裹"为名的短信服务或"邮政语音电话"

提示服务需提高警惕，切勿轻信，保护好自己的个人信息，以免上当受骗，遭受经济损失。而且邮政部门表示，邮政的邮件包裹一般采取直接投递到户。收到类似的语音提示电话，请不予理会，若有疑问，可拨打邮政服务热线核实。

2.40　高薪招聘诈骗

作案手法：

犯罪分子通过群发信息，以月工资数万元的高薪招聘某类专业人士为幌子，要求事主到指定地点面试，随后以缴纳培训费、服装费、保证金等名义实施诈骗。

相关案例

"您被我们运输公司录用了,明天过来签聘用合同吧。""周经理"面带笑容地对求职者王先生说,原本情绪略有带紧张的王先生立马松了一口气。从在网上投递简历到接到某运输公司的面试电话,再到现在的面试,一切竟出乎意料地顺利,并且自己应聘司机的职位有每月7 500元的高薪资,这不禁让王先生喜出望外。然而,令王先生没有想到的是,等待他的并不是一个职位,实是一场骗局。

第二天,王先生再次来到该运输公司准备签合同时,"周经理"告知王先生需缴纳1 000元岗位保证金和300元上岗证制作费,王先生也没多想,便缴纳了上述费用并签订了聘用合同。过了几日,王先生又一次至该运输公司,一名自称"李经理"的男子告知其司机岗位需要办油卡,让其缴纳2 000元油卡保证金,王先生因钱没带够,最后将他身边100元作为油卡保证金给了"李经理"。之后"李经理"让王先生先和"五哥"联系,见到"五哥"后,"五哥"看王先生服装不行,说要交1 000元服装费购置统一服装。此时,王先生心中已略有疑虑,但是为了得到这份高薪工作,他还是凑了900元钱交给"五哥","五哥"给了他一套工作服后叫他去找"罗总",到了"罗总"处,"罗总"又叫王先生交钱,可王先生此时身上已没钱。见王先生交不出钱,"罗总"便叫他去找"胡经理",求职心切的王先生于是又去找"胡经理","胡经理"一见面便要求王先生再交油卡保证金。王先生终于意识到自己被骗了,等到他再回到该运输公司时早已人去楼空,所有的联系人也都已关机。

防范与应对：

1. 不要轻信网页上、朋友圈里转发的招聘信息，要选择正规的招聘网站和人力资源市场。

2. 对公司招聘信息要小心鉴别，正规公司都有企业注册信息，可在工商局网站上查询核实。

3. 需提高警惕，切忌被高薪职位所蛊惑，对低门槛高收入类明显"有诈"的工作要格外留意。

4. 应聘时应警惕各种"收费行为"，签约时需小心谨慎，正规招聘不会索要"任何费用"。

5. 遇到人身安全受到威胁等情况，要及时报警，积极向警方提供证据信息，切实保障自身权益不受侵害。

2.41 电子邮件中奖诈骗

作案手法：

犯罪分子通过互联网发送中奖邮件，受害人一旦与犯罪分子联系兑奖，犯罪分子即以缴纳个人所得税、公证费等各种理由要求受害人汇钱，达到诈骗目的。

电信诈骗大揭秘

相关案例

宁先生登陆QQ邮箱时,发现一封自称腾讯官方发过来的电子邮件。该邮件提示宁先生的QQ号码被系统抽选为"腾讯嘉年华"幸运用户,获得二等奖,需要登陆活动网站查看并提交材料兑奖。

宁先生点击"查看详情"登陆了假冒的QQ网站,提交了兑奖材料后,提示需要与客服联系确认。宁先生于是拨打了网站上所留的客服电话,"客服"知宁先生如要领奖需要交纳一定的保证金,3个小时内不办理完所有手续将被取消获奖资格。宁先生为是否汇款犹豫了一个多小时,期间多次打电话确认,最后还是禁不住上万元奖品的诱惑,给对方汇了1 500元。汇完款后再次打电话过去,对方却说还需汇个人所得税,宁先生这时自己才知道上当受骗。

防范与应对:

真的中奖并不需要先缴纳费用。只要对方要求提供银行卡信息,就应该有警惕心理。当接到中奖通知时，应慎重对待，并通过正规渠道进行多方确认，谨防受骗。我们打开邮箱时经常会收到一些不明的中奖提示，不管内容多么逼真诱人，请千万不能相信，更不要按照所谓的咨询电话或网页进行查证。

2.42 捡到附密码的银行卡诈骗

作案手法：

犯罪分子故意丢弃带密码的银行卡，并标明了"开户行的电话"，利用了人们占便宜的心理，诱便捡到卡的人拨打电话"激活"这张卡，并存钱到骗子的账户上。

电信诈骗大揭秘

相关案例

张先生捡到一个信封，打开之后发现这是一封某工程公司的行贿信，里面附带了一张银行卡和密码，是要感谢帮助招标成功的王处长的。信的内容大致如下：

感谢王处长在招标过程中对我们公司的帮助，因为不方便登门致谢，特附上银行卡一张，里面是我公司的一点心意。密码是工程开工日期（150328），如果在取款中遇到问题，请咨询开户办理的银行。

随后，张先生拿着信里附带的银行卡，跑到银行自助取款机输入密码进行查询，自助取款机屏幕上显示卡内余额是0，可用余额有30万！但是，屏幕显示"不予承兑"。

"不予承兑"这是什么意思？张先生赶紧拨打信里面提到的银行开户行电话。"银行客服"在电话中告诉张先生，只要往该卡号转5 000元，就可以自由存取。张先生毫不犹豫将5 000元转入该银行卡里，过后一查，自助取款机屏幕上仍然显示"不予承兑"，张先生这才发现自己上当受骗了！

防范与应对：

骗子先办一张额度为30万的信用卡，但会先通过不予激活或先行注销等手段，达到"能查到额度却无法取现"的结果。

然后用银行卡复制器复制出若干个伪卡，伪卡的磁条信息仍然是这张信用卡的，但是伪卡上面的账号则制作为骗子的私人账号。并将伪卡和伪造的行贿信装入信封，四处散播，故意让人捡到。

当受害人捡到这张卡，由于磁条信息是真实的信用卡，密码也是对的，所以插卡时会显示余额。在取不出钱时便会打信上所提到的开卡行电话（实际上是骗子的电话）。

骗子以此卡需要交纳滞纳金为由，要求受害者转账到卡面账户激活，实际上，已经把钱打到骗子的私人账户上去了。由于受害者手里一直持有这张有几十万余额的银行卡，所以一般不会向别人提起，会坚持在家等待卡片激活。这期间骗子已经把卡上的钱取走，当受害者发现被骗为时已晚。只要克服贪便宜的心理，凡事多思考、多想一下，就能够有效地防范这个诈骗手法。

2.43 交通处理违章短信诈骗

作案手法：

犯罪分子利用伪基站等作案工具发送假冒违章提醒短信，此类短信包含木马链接，受害者点击之后轻则群发短信造成话费损失，重则窃取手机里的银行卡、支付宝等账户信息，随后盗刷银行卡，造成严重经济损失。

电信诈骗大揭秘

相关案例

王先生收到一则来自"长沙交警"的车辆违章提醒短信,王先生不假思索就点开了短信末尾的链接。点进去后,跳出名称为"相机",后缀为.apk的软件下载界面,这时手机内置的拦截功能提醒可能是病毒插件。王先生看到提醒赶紧卸载该软件,但为时已晚,银行的短信提醒立刻就来了,显示他账户上刚被转出10 000元。

防范与应对:

1. 交警部门会使用系统号码用于发送交通违法信息告知短信,不会使用个人手机号码发送交通违法信息短信,并且告知信息内一般只附有违章处理地点,不会留类似手机号码的联系方式。

2. 违法告知短信内容均为提醒,违法处理的相关手续需要车主到交警部门的违法处理窗口办理。如果收到短信要求直接汇款缴纳罚款，毫无疑问就是诈骗。

3. 如果一时无法判断交通违法短信的真伪，可到就近的交警部门查询核实，也可以登录当地交警部门的官方网站对车辆违章信息进行查询核实，千万不要随意点击短信中的链接。

2.44 电子结婚请柬诈骗

作案手法：

犯罪分子通过电子请贴的方式诱导用户点击下载后，就能窃取手机里的银行账号、密码、通信录等信息，进而盗刷用户的银行卡。或者给用户通讯录中的朋友群发借款诈骗短信。

电信诈骗大揭秘

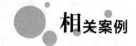
相关案例

案例一

金先生收到一条朋友发来的结婚请柬短信,短信后还附上一条链接,金先生以为这可能是朋友的结婚照片或者电子请柬,于是点开了链接。随后,金先生就连续接到23笔银行卡消费短信,金额共计人民币24 000多元。

案例二

黄先生在上班时收到了自称小学同学的婚礼短信,黄先生点击链接后,手机自动向通讯录里所有号码发送相同短信。几个小时后,黄先生收到银行发来的扣款短信,显示分两次扣款人民币5 000元,共计损失10 000元。

防范与应对:

1. 如不慎点击,无论是否安装成功,一定要对手机系统进行彻底的木马病毒消杀。

2. 及时冻结手机内的第三方账户及网银等,千万不要在链接中填写自己相关账号及密码等信息。

3. 及时将手机中病毒的情况告知自己的亲朋好友,防止木马病毒扩散。

4. 确定被骗后请不要慌张,应立即拨打110报警。

2.45 冒充黑社会敲诈类诈骗

作案手法：

犯罪分子先获取事主身份、职业、手机号等资料，拨打电话自称黑社会人员，受人雇用要加以伤害，但事主可以破财消灾，然后提供账号要求受害人汇款。

相关案例

李先生接到了一个陌生电话，电话里一名男子操着东北口音质问李先生最近是不是得罪了什么人？一开始李先生觉得很奇怪，自己做生意做了十多年，虽然说和别人有过不愉快，但也谈不上得罪。于是李先生被这一通电话弄得莫名其妙。在电话里李先生问对方是什么人，有什么事情？没想到对方的口气十分强硬地说，他叫"马三刀"，李先生得罪了一个老板，现在老板找了他们几个混黑道的兄弟想要对李先生不利。一听对方这么说，李先生心里还真是有些犯嘀咕。第一遍通话，对方也没有向李先生提出索要钱财，只是让李先生小心一点。随后，李先生查询了对方的号码，发现真是东北某市的手机号码。

到了第二天，这个自称"马三刀"的人又给李先生打来电话，说已经开始跟踪李先生，如果李先生识相的话，最好给他们几个兄弟一点酒水钱和路费，他们也就把这个事情糊弄过去。在电话里，"马三刀"不仅准确地报出了李先生的姓名，还说出了李先生的年龄以及住址。这让李先生有些惊恐，李先生口头上先允诺了之后，将电话挂断。随后，对方竟然又发来一个银行号码，要李先生打 2 000 块钱到这个账户上。事已至此，李先生这才明白过来，这个所谓的"马三刀"也是一个通过电话、短信来诈骗的犯罪分子。

防范与应对：

一旦接到这样的电话，不要慌张，对此类人员不必理会，可选择立即报警。各种诈骗犯罪，骗子最终要通过银行转账达到骗钱的目的。所以无论骗子如何花言巧语、危言恐吓，一定要记住"不听、不信、不汇款"。

2.46 虚假售卖医用口罩诈骗

作案手法：

诈骗分子在网上散布预防新型冠状病毒肺炎医用口罩等医护用品信息，等有人上钩后就会诱骗对方购买，还会以先付款后发货为由要求直接微信或支付宝转账，付款后骗子就会即刻拉黑受害人。

相关案例

王先生在朋友圈看到同学转发了一条别人售卖KN95口罩的消息，询问后得知售卖KN95口罩的"王静"是同学的网恋女友。王先生琢磨同学的"女友"应该是靠谱的。因为手上有KN95口罩现货，且价格便宜。于是，王先生通过同学加了"王静"微信，分6次从"王静"处购买了10万元的KN95口罩。

付款多日，"王静"迟迟不发货，王先生每次追问，"王静"都以

"去外地被隔离"等多种理由推托。直到与"王静"失联，王先生才意识到自己被骗。

防范与应对：

防疫不忘防诈骗，警惕不法分子利用疫情实施诈骗。购买口罩、消毒液等医用防护品，一定要通过正规渠道，不要相信陌生人口中所谓"特殊供货渠道"等信息。

2.47 借"献爱心"、捐款诈骗

作案手法：

诈骗分子会通过网络、手机冒用红十字会或民政等部门的名义，发布防控新型肺炎"献爱心"捐赠的虚假信息或设立虚假捐赠平台，利用对方的同情心来行骗。

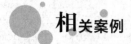

相关案例

疫情期间,王先生想通过网络向武汉新型冠状病毒感染的肺炎患者捐款,于是通过微信找到一个叫"武汉市慈善会"的公众号,王先生跟公众号的后台联系后,对方让王先生扫描二维码捐款,王先生扫码支付2000元后,发现收款方是私人账户,该公众号也在不久后注销了,王先生这才意识到被骗。

防范与应对:

爱心捐赠应当认准正规渠道,拒绝不法分子假借疫情非法敛财。为疫区人民捐款捐物献爱心时,应通过正规官方渠道进行核实,认准正规捐赠渠道。正规募捐均需民政部门登记备案,相关信息可通过全国慈善信息公开平台查询。捐款前需核实对方账户名称与受捐公益组织的名称是否一致,不轻易将捐赠资金转入个人账户,避免上当受骗。

2.48 电话欠费诈骗

作案手法:

犯罪分子冒充通信运营企业工作人员,向事主拨打电话或直接播放电脑语音,以其电话欠费为由,要求将欠费资金转到指定账户。

相关案例

王先生突然接到一个陌生电话,对方自称是移动公司的工作人员,说王先生有一个电话号码已经欠费2000多元,如果再不缴费,移动公司将到法院起诉他。王先生一听要被起诉,马上紧张起来,连忙解释:"自己从来没去过天津,更不可能有天津的手机号码,一定是搞错了。"经过一番谈话,对方称,也有可能是他的身份信息泄露了,得立即到天津市公安局报案。

王先生一听要去天津就又急了,天津那么远,自己又在上班,哪有时间去天津报案呢。对方觉察王先生有难处,"好心"地说:"那我们反正在天津,把你的相关信息都告诉我们,我们帮你报警。"就这样,王先生一五一十地把自己的身份证、银行卡等各种信息都报给了对方。

过了一会儿,一个自称是天津市公安局的民警打来电话,称为了防止王先生银行卡里的钱被法院冻结，必须赶快把所有的钱都转到他们提供的一个账号上去，转好后，他们会马上把钱再转回来。

此时的王先生已经是六神无主，对方叫他做什么他就做什么。后来，他先是按照对方的要求去附近的一家宾馆开了个房间，一个人耐心地听对方给他讲解，然后就直接去了附近的ATM机讲自己银行卡上的5万余元转账给了对方。转账后王先生发现对方联系不上，这才发现被骗。

防范与应对：

遇到此类诈骗，首先要冷静确认对方身份与其提供的情况的真实性，切忌不能只通过网络确认和查号确认。应向当地营业厅咨询，也可以直接拨打电信公司的客服电话咨询。

2.49 电视欠费诈骗

作案手法：

犯罪分子冒充广电工作人员群拨电话，称以受害人名义在外地开办的有线电视欠费，让受害人向指定账户补齐欠费，部分群众信以为真，转款后发现被骗。

相关案例

"您的有线电视欠费将被强制停机,如有疑问请按 1 转人工服务……"刘女士在家接到了这样的电话,当她按照电话提示转人工服务后,对方声称是有线电视台的工作人员,说刘女士家的有线电视欠费了,必须在 2 小时之内续费,否则就停送电视信号。放下电话后,刘女士急忙到银行按照对方要求汇去了 1000 元钱,等她到附近有线电视营业厅咨询时,才发现自己被骗了。

防范与应对:

此类诈骗主要通过群呼的方式实施,一些不了解缴费程序的人接到电话后会信以为真,将有线电视使用费转到骗子的账户里。遇到此类诈骗,应向当地营业厅咨询,或者拨打有线电视客服电话咨询,不用轻信。

2.50　引诱汇款诈骗

作案手法：

犯罪分子以群发短信的方式要求对方向某个银行账户汇入存款，由于事主正准备汇款，收到此类汇款诈骗信息后，往往未经仔细核实，即把钱款打入骗子账户。

相关案例

2013年，湖南省公安机关经缜密侦查，在长沙、武汉、广州等地抓获涉嫌诈骗的犯罪嫌疑人贺某等12人。经审讯查明，以贺某为首的12人，从广东购买"伪基站"设备四套，通过互联网购买农业银行、工商银行、建设银行等银行卡100余张，准备好作案工具后，高薪聘请胡某、李某等8人，两人一组分别赴长沙、武汉、广州等地，利用"伪基站"设备随意编造手机号码（短信发送号码）在银行、步行街等人流聚集地向"伪基站"周边不特定手机用户（短信接收人）发布短信，短信内容为："请把钱打到我的（这个）卡上，卡号：＊＊＊开户名：＊＊＊""我是房东，请把钱打我爱人卡上，卡号：＊＊＊，开户人：＊＊＊"贺某等人利用受害人正在汇款时粗心大意，未仔细核对汇款账号误将钱打入犯罪嫌疑人银行卡内。随后，贺某通过网上银行或ATM机查询银行卡是否进账，进账后立即将钱取走。

防范与应对：

1. 遇到要求汇款的短信时，如果手机号、账号姓名不认识可以直接忽略或删除。

2. 如果近期确有需要汇款和转账的需求时，可以与对方电话沟通确认账号是否更改。

第 3 章

"电信诈骗"防骗守则

3.1 电信诈骗的动机

3.1.1 作案成本低

（1）经济成本低

在电信诈骗中，不法分子进行电信诈骗往往只需要电脑、手机、短信群发器、改号软件、银行卡等作案工具，这些作案工具价格不高，相对获利而言成本极低，投资几千、几万元就能诈骗获利几十万甚至几百万元。不法分子在选择作案对象的时候，通常是广撒网，潜在受害者基数庞大，所以不法分子的收益相当可观。

（2）社会成本低

电信诈骗活动隐蔽性很强，公安侦查难度大、破案率低，犯罪风险成本很低。电信诈骗案件没有一般常见的犯罪现场和痕迹物证，只有电子数据，很难定位作案地点，且作案过程中产生的电子数据容易销毁，侦查取证困难。受害者分布区域较广，往往都是跨市、跨省，案件的管辖权交叉，协同侦破难度大，相对不法分子的犯罪风险和犯罪成本就下降了。另一方面，根据我国目前现行的相关法律，电信诈骗量刑都是按诈骗犯罪定罪，处罚较轻，不法分子被抓后判几年以后很快就被释放了，没有形成大的威慑力。

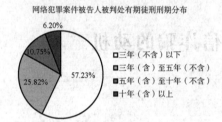

图源中国司法大数据研究院《司法大数据专题报告—网络犯罪特点与趋势（2016—2018）》

3.1.2 法制不完善（立法、现行法律、管辖权问题）

目前我国刑法中没有专门规定电信诈骗犯罪，一般都是结合《刑法》中的普通诈骗犯罪的刑法条文进行定罪及处罚。根据最高人民法院、最高人民检察院、公安部发布的《关于办理电信网络诈骗等刑事案件适用法律若干问题的意见》，利用电信网络技术手段实施诈骗，诈骗公私财物价值3000元以上，认定为"数额较大"，导致一些电信诈骗行为因为数额未达到法定要求而无法追究其刑事责任，而且电信诈

第3章 "电信诈骗"防骗守则

骗针对的一般是不特定的对象,受害者在地域上的分布十分广泛,一些被骗金额较小的受害者并不愿意主动报案,因此往往难以核定具体的涉案金额。

在相关法制不健全的情况,现有的法律法规也没有得到有效的贯彻实施,目前我国的法律对个人信息的保护相对缺失,公民个人的身份信息、消费记录、线上线下生活信息遭受泄露的个人信息安全事件屡屡发生,也凸显了当前相关法律保护的缺位。

图源中国司法大数据研究院《司法大数据专题报告—网络犯罪特点与趋势(2016—2018)》

不法分子在进行电信诈骗时,用伪造的身份证开办银行帐户、冒充国家机关工作人员等行为,这些手段行为是否同时涉嫌其他犯罪,是否要接受其他的惩罚也还有待研究。

3.1.3 监管的缺失(电信部门、银行部门)

现代通信技术迅猛的发展,使得电信行业在经营、管理、技术等方面落后于形势，存在大量的问题和漏洞。电信部门和银行等金融机构过分追求商业利益，缺乏社会责任感，一方面对业务工作缺乏监管，另一方面，行业内的管理机构对国家的法律法规执行不力，或者是根本就不执行，同时相关法律法规的制定也跟不上形势发展的需要，使得电信诈骗活动有了可乘之机。

（1）电信部门的监管方面

手机短信业务是各电信运营商的重要业务之一，电信运营商大力开发此业务，但却忽略了监管，导致大量未经实名登记的电话卡在市场上流通，由于不记名，用来作案则能掩饰犯罪分子的身份，从而导致利用短信、电话诈骗的案件屡禁不绝。而电信运营商出于自身利益的考虑，不愿耗费人力、财力来对手机短信采取监控措施，甚至对违法短信视而不见，随着科技的发展，短信群发器的出现使电信诈骗活动更加猖獗，在网上搜索短信群发器，就可以看到各类短信群发器，有国产、进口的各种类型的产品，促销价最低才上百元，最高也就在千元左右。根据这些厂家和销售者的介绍，这些短信群发器只要和手机相连，即可按号段顺序或随机序列发送海量垃圾短信，最多连续给200万部手机发送短信，某些短信群发器还能自由调节短信发送速度。由于目前还没有对短信群发器的销售进行严格管理，不法分子能够轻易购买到短信群发器，然后从事电信诈骗活动。

使用"改号"软件是近年来兴起的一种诈骗方式，可以将号码通过"改号"软件改成任意号码，由于互联网与电信网络的融合，VOIP电话业务得到了广泛的应用，某些电信部门违规放号或违规出租"透传"线路，为电信诈骗人员提供 IP 电话接入，通过 IP 电话"改号"软件，随意填写主叫信息，而同时在接入电信运营商的 IP 电话网关处没有对该主叫信息进行严格认证，这就导致了这些欺诈号码传递给了被叫方，从而达到了欺诈来电显示的目的。这种做法作为一种服务并没有受到法律的严格规范，其中最大的问题就是没有对业务使用者提出任何要求，业务提供者也没有对使用者采用任何有效的监控。不法分子正是利用了这一点，通过修改信息伪造出特殊身份、号码所在地等虚假信息进行诈骗。

(2) 银行等金融机构监管方面

不法分子通过金融机构进行转账、汇款、取款，是电信诈骗最后一个环节，也是非常重要的环节。虽然银行卡实行实名登记管理制度，但客观上存在储蓄实名制难以落到实处，导致批发银行卡已经成为了一条黑色产业链。不法分子通过非法途径大量购入银行卡，然后使用这些银行卡通过 ATM 机将诈骗的赃款取现出来。

银行卡发放泛滥缺乏监管。各商业银行之间存在恶性竞争，为了争取更大的业务量，大量发行银行卡，造成银行卡发行泛滥。目前，一张身份证在同一家商业银行可以无限制地开银行卡，并且在转账次数和金额等方面也缺少限制，因此犯罪分子才能有足够的银行卡用于作案行骗，这可以说是银行卡泛滥的一个恶果。

银行系统还缺乏应对电信诈骗的紧急措施。电信诈骗的最后一个环节便是银行转账汇款等，如果银行等金融机构有完善的应对措施，也能够减少电信诈骗的损失。

3.1.4 打击、追赃困难

(1) 打击方面

电信诈骗案件涉案范围十分广泛，不法分子可能分散在任何一个角落，作案之后迅速流窜逃逸，而被害人的分布也极为分散，由此进一步加剧了侦查的困难。不法分子进行电信诈骗所使用的手机号码、固定电话和银行卡所登记个人信息都是虚假的或是他人的，并进行人卡分离。一般同时拥有多个手机和号码，专机专用，作案完成后立即换掉不再使用。通过"改号"软件能够将原来的电话号码伪装成任意所需的号码蒙骗受害群众。很多不法分子为了更好地躲避打击，使用网络电话诈骗和网络转账的方式转移赃款，而所使用的网络服务器大多存放在国外，这些都给公安机关侦查打击带来了很大的困难。

不法分子为了逃避警方打击，所使用的 VOIP 网络电话通过多层的服务器进行转接。因此，通过 VOIP 电话通信进行反向追踪也是困难重重。这种通过网络进行犯罪的证据大多数是电子证据，取证与保存难，而销毁容易，而且大多采取异地作案、异地诈骗和异地取款的作案方式，仅仅根据这些信息确定不法分子和作案地点具有一定的难度。一些诈骗团伙，为了更好地逃避抓捕，彼此使用绰号或者假名字，有些甚至是单线联系，独立作案，横向成员间不熟悉或不认识，人员没有交叉，仅存在一定的纵向联系，团伙头目实行远程遥控指挥，诈骗犯罪活动中的每一个环节都有专人负责，各司其职。一旦某个人的电话超过一定的次数没有接通，他们判断此人可能被抓，会通知其他人立即更换地点和通讯方式，而且团伙中的主要核心人员大多数隐藏在国外，犯罪团伙成员分布在不同地点，这也加大了打击电信诈骗的难度。

（2）追赃方面

与传统的诈骗犯罪相比，电信诈骗不法分子和受害者之间不是面对面的，而是非接触的。这打破了犯罪的时空界限，两者互不知道对方容貌，只需要通过通信网络或者电子银行即可在非常短的时间内完成资金的转账。不法分子接收被骗钱款的银行帐户，往往是购买伪造的身份证后到银行开立的帐户，或者直接从他人手中购买以他人名义开立银行帐户，或者通过支付一定的报酬请不知情的普通群众开设帐户，多个帐户交替、循环使用，且每个帐户使用较短时间甚至一两次后就不再使用，导致跟踪追查取证比较困难，不法分子一旦确定赃款到账，便采取化整为零的方式将赃款立马转移到几十个甚至上百个全国各地正在使用的虚假银行卡中，并有专人在异地进行兑取。完成兑取后将赃款分批多次存入自己或其他犯罪团伙成员的账户中或转移到境外。

大多数犯罪团伙都有一套相对完整的赃款转移制度，转移的渠道众多。根据不法分子转移赃款的特点和方式，公安机关即便能够将不法分子一网打尽，也无法追回全部的赃款。因为诈骗赃款早已被他们转移到国外或者挥霍掉了，能够追回的只能是极少部分涉案资金。由于使用网银转账速度快，不法分子在数分钟内即可将数百万元的赃款转移到不同的账户中，这也导致公安机关追回赃款的难度增加。

3.2 防"电信诈骗"九守则

3.2.1 手机短信内的链接别乱点

虽然手机短信中也有银行、电商等机构发来的安全链接,但是不是所有的用户都能通过短信号码、短信内容、链接形式等辨别链接的安全性。所以,建议用户要深思熟虑及多方查证后再点,以免木马中毒或被诱骗至非法网站。

3.2.2 凡是索要"短信验证码"的全是骗子

支付宝、银行及其他机构发来的"短信验证码"都是极为隐私重要的信息,通常只有几分钟的有效期,所以不得向任何陌生人或机构透露该信息。

3.2.3 凡是无显示号码来电都是骗子

任何政府、企业、银行、运营商等机构的座机电话、移动手机等通讯设备来电都会显示号码,只有极少数军政方面人士才拥有"无显示号码",所以若见到"无显示号码"来电,应当直接挂断。

3.2.4 闭口不谈卡号和密码

在电话、短信、QQ聊天、微信对话中都绝不提及银行卡号、密码、身份证号码、医保卡号码等信息,避免被不法份子诱骗利用。

3.2.5 不信"接的",相信"打的"

为了防止遇上诈骗份子模拟银行等客服号码行骗,若有不明来电可以选择挂掉后,再主动拨打相关电话。谨记,为确保号码的准确性,切勿使用回拨功能。

3.2.6 钱财只进不出,"做貔貅"

任何要求打款、汇钱、转账的行为都需要多长个心眼儿。如需打款建议去线下银行柜台办理,心中有疑惑的可向银行柜台工作人员咨询。

3.2.7 陌生证据莫轻信

网上个人隐私泄露泛滥,数据获取成本低廉,诈骗分子往往会掌握用户的一些个人信息,并以此为证据来骗取用户的信任。此时,要多方位求证,绝不轻信陌生人,就算朋友家人,如果仅仅是网上,也不可轻信。

3.2.8　钓鱼网站要提防

对那些与官方网站的域名长得大同小异的，切记不可轻信，大多数均是钓鱼网站。要么中病毒，要么你被直接骗走钱财。尤其在登录银行等重要网站时，养成核实网站域名、网址的习惯。

3.2.9　预防电信诈骗五不要

➢ 不要轻信不明对象及可疑信息；

➢ 不要因贪小利而受违法短信息的诱惑

➢ 不要拨打短信中的陌生电话

➢ 不要向陌生人汇款、转账

➢ 不要泄露个人信息，特别是银行卡信息。

3.3　上当后的补救措施

➢ 一旦汇款后发现自己被骗了，不要心存侥幸，应当迅速终止交易、保存涉案证据，并及时拨打110报警或向派出所报案。报警时请您携带涉案的电话号码、短信息内容、网络地址、银行账号及卡号。

➢ 可在第一时间拨打中国银联专线95516请求帮助。

> 立即拨打诈骗账户银行的客服电话（如工商银行 95588，建设银行 95533 等）或登录网上银行，输入诈骗账号，重复输错五次密码就可以快速止付电话和网银转账，时限为 24 小时，以此防止损失并为公安机关破案抓人赢取时间。

3.4　树立正确的自我保护观念

每年全国各地都会发生大量的电信诈骗案件，使受害人蒙受大量的财产损失，其实骗子的手段往往并不高明，但是为什么有那么多人上当受骗呢？归根结底就是很多人没有正确的自我保护观念，要做到这一点必须要树立正确的观念。尤其是以下几点：

> 最关键的一点就是要树立正确的价值观，金钱观，不要相信什么天上会掉馅饼。许多人喜欢贪小便宜，会在接中奖电话或者是短信的时候，就被利益冲昏了头脑，从而上当受骗。

> 防止身份信息泄露。在个人身份信息或者是家人信息的保密工作上，不要轻易将填写有个人资料的凭证、单据等随手丢弃，这样会给诈骗分子有机可乘。另外要妥善保管好自己的电子银行口令卡、U 盾等，切莫将信息透露给他人。尤其老年人更不要在取钱的时候，相信外人，最好只求助银行工作人员的帮助。

> 如果你在接到了短信或者是电话的时候，记得，一定要仔细核

对真实的信息。收到短信时,可以打电话给当事人,问到底有没有这回事。只要仔细核实,就能将大部分的诈骗手段识破。如果还是不能确定真伪的话,就找家人或者朋友商量一下。如果是银行发来的,你可以拨打银行的服务热线咨询一下,比如是建行的信息,可以拨打95533核实。

> 还有一种情况,就是恐吓电话。遇到这一类的电话,不要惊慌,因为99%以上的"涉嫌洗钱"、"法院传票"之类的电话都是假的。这时你可以让对方向你提供证据,你把这些证据收集好,拨打110电话举报。

> 平时的时候,多身边人分享一下这些诈骗的信息,把这些信息与大家共享,你也能得到一些诈骗的信息类,这样,你遇到的时候,就能做到心中有数,而不是急于上当了。

最后,应牢记"三不一要",即:不轻信来历不明的电话和手机短信;不因小利而受诱惑,向对方透露自己及家人的身份信息、存款、银行卡等情况;不向陌生人汇款、转账;遇到任何可疑电话,要拨打报警电话咨询。相信很多人只要做到这些,就可以将电信诈骗拒之门外了。